FORUM RECHTSWISSENSCHAFTEN 2

Karl-Jascha
Schneider-Marfels

Die Rundfunkgebühr in der Schweiz

Aktuelle Probleme der Rundfunkfinanzierung
durch Radio- und Fernsehempfangsgebühren

m press »

Abdruck der der Rechtswissenschaftlichen Fakultät
der Universität Zürich vorgelegten Dissertation.
Für Kritik und Anregungen E-Mail an:
rundfunk@jaschaschneider.ch

Die Deutsche Bibliothek verzeichnet diese
Publikation in der Deutschen Nationalbibliografie; detaillierte bibliografische Daten sind
im Internet über http://dnb.ddb.de abrufbar.

© 2004 Martin Meidenbauer
Verlagsbuchhandlung, München

Alle Rechte vorbehalten. Dieses Werk einschließlich aller seiner Teile ist urheberrechtlich geschützt. Jede Verwertung außerhalb der Grenzen des Urhebergesetzes ohne schriftliche Zustimmung des Verlages ist unzulässig und strafbar. Das gilt insbesondere für Nachdruck, auch auszugsweise, Reproduktion, Vervielfältigung, Übersetzung, Mikroverfilmung sowie Digitalisierung oder Einspeicherung und Verarbeitung auf Tonträgern und in elektronischen Systemen aller Art.

Gedruckt auf
chlorfrei gebleichtem, säurefreiem und
alterungsbeständigem Papier (ISO 9706)

ISBN 3-89975-460-3

Verlagsverzeichnis schickt gern:
Martin Meidenbauer Verlagsbuchhandlung
Erhardtstr. 8
D-80469 München

www.m-verlag.net

Meinen geliebten Eltern

Vorwort

Den Anstoss für die vorliegende Arbeit erhielt ich während meiner Vorstandstätigkeit im Verband Schweizer Privatradios (VSP). Im Rahmen dieser Funktion setzte ich mich intensiv mit der Revision des Radio- und Fernsehgesetzes (RTVG) auseinander und wurde mir in zahlreichen Gesprächen der Problematik des Schweizer Rundfunkfinanzierungsmodells bewusst. Ich entschloss mich deshalb, die Rundfunkgebühr – m.E. *der* zentrale Aspekt der Rundfunkfinanzierung – näher zu untersuchen. Geplant war ursprünglich, die Dissertation nach Inkrafttreten des neuen RTVG zu publizieren. Die Revision verlief jedoch schleppend und aus meiner Sicht unbefriedigend. Daher entschied ich mich – in der Hoffnung, einzelne Erkenntnisse fänden bei den parlamentarischen Beratungen noch Einfluss –, meine Arbeit früher fertig zu stellen. Rechtsprechung und Literatur sind bis Mitte Dezember 2003 berücksichtigt.

Prof. Dr. Rolf H. Weber leistete mir bei meinem Vorhaben von Anfang an wertvolle Unterstützung. Ihm gebührt doppelter Dank. Erstens, weil er durch seine Betreuung massgeblich zum Gelingen dieser Arbeit beigetragen hat und mir Vorbild für das wissenschaftliche Arbeiten war. Zweitens, weil mich seine Denkanstösse – insbesondere sein Werk „Die Finanzierung der Rundfunkordnung" – inspiriert haben und die Grundlage dieser Arbeit darstellen.

Bedanken möchte ich mich im Weiteren bei Dr. Günter Heuberger, Christian Heeb, Markus Ruoss und Martin Mürner. Sie haben mich in zahlreichen Diskussionen für die Probleme der Rundfunkfinanzierung sensibilisiert. Dieser Meinungsaustausch war für mich stets von besonderer Bedeutung und stellte die Basis für eine differenziertere Sichtweise der Problemlage dar.

Erhebliche Unterstützung erhielt ich ausserdem von Andreas Meili (TA-Media), der SRG, dem BAKOM sowie der Schweizer Post. Sie ermöglichten mir den Zugriff auf ihre Datenbanken und Archive. Dafür möchte ich mich herzlich bedanken.

Herzlichen Dank möchte ich auch meiner Frau Sabrina Della Giacoma aussprechen, die mich immer wieder motivierte und unterstützte. Schliesslich möchte ich mich noch bei meinen Eltern bedanken. Ihnen widme ich diese Arbeit, da sie mir eine vielseitige Ausbildung ermöglicht und sich bei meinen Vorhaben immer vorbehaltlos hinter mich gestellt haben.

Basel, Januar 2004　　　　　Karl-Jascha Schneider-Marfels

Inhaltsverzeichnis

Abkürzungsverzeichnis 10
Literaturverzeichnis 13

I. Einleitung *25*
II. Geschichte der Rundfunkgebühr *30*
   1. Gebührensplitting unter verschiedenen Veranstaltern (1922-1930)......**30**
      1.1 Entstehung des Rundfunks in der Schweiz 30
      1.2 Gebühr für den Empfang von Rundfunksignalen 32
   2. Gebührenmonopol der SRG (1931-1991) **33**
      2.1 Gründung der SRG 33
      2.2 Radioempfangsgebühr 35
      2.3 Fernsehempfangsgebühr 35
      2.4 Fall des SRG-Monopols 36
   3. Gebührensplitting im Radio- und Fernsehgesetz von 1992 .... **39**
      3.1 Motive für einen einheitlichen Erlass 39
      3.2 Grundpfeiler des Radio- und Fernsehgesetzes von 1992 40
      3.3 Gebührensplitting 41
      3.4 Teilrevision: Privatisierung des Inkasso 42
   4. Ausdehnung des Gebührensplittings im E-RTVG von 2002 ...... **43**
      4.1 Aussprachepapier des Bundesrats 43
      4.2 Vorentwurf 44
      4.3 Vernehmlassung 45
      4.4 Gesetzentwurf 48
      4.5 Würdigung 51

III. Gebührenfinanzierung als Staatsaufgabe *56*
   1. Rundfunkrecht als Bundeskompetenz **56**
      1.1 Einheitliche Verfassungsgrundlage 56
      1.2 Verfassungswidrige Gebührenfinanzierung vor 1984 59
   2. Bund als Garant der Grundversorgung **61**
      2.1 Abkehr vom klassischen Monopolverständnis 61
      2.2 Begriffsabgrenzung „öffentliche Aufgabe" und „Staatsaufgabe"........... 64
      2.3 Grundversorgung als öffentliche Aufgabe des Rundfunks 66
      2.4 Definition der Grundversorgung 69
      2.5 Garantie der Grundversorgung als Staatsaufgabe 71

3.	Rechtfertigung und Ausmass einer staatlichen Finanzierungspflicht		73
	3.1	Gestaltungsverantwortung bei Marktversagen	73
	3.2	Keine Finanzierungspflicht aus Art. 93 Abs. 3 BV	76
	3.3	Finanzierung der Grundversorgung als Staatsaufgabe?	76
	3.4	Umfang der Gebührenfinanzierung	78
		3.4.1 Grundversorgung	78
		3.4.2 Grenzen staatlicher Rundfunkfinanzierung	79
		a) Programme und Aktivitäten ausserhalb der Grundversorgung	79
		b) Subsidiaritätsprinzip	85
		c) Doppelte Finanzierung	87
4.	Rechtsnatur der Rundfunkgebühr		88
	4.1	Qualifikation des Bundesgerichts	88
		4.1.1 Regalabgabe	88
		4.1.2 Stellungnahme	90
	4.2	Eigener Qualifikationsansatz	95
		4.2.1 Qualifikationsprobleme	95
		4.2.2 Rechtsvergleichung mit Deutschland	99
		4.2.3 Abgabe sui generis mit Beitragscharakter	101

IV. *Rundfunkgebühr nach geltendem Recht* 102

1.	**Melde- und Gebührenpflicht**		**102**
	1.1	Auslegungsschwierigkeiten	102
	1.2	Meldepflicht	103
		1.2.1 Grundsatz	103
		1.2.2 Privater Empfang	104
		1.2.3 Gewerblicher Empfang	107
		1.2.4 Programme, die eine Meldepflicht begründen	110
		1.2.5 Geräte, deren Betrieb keine Meldepflicht begründen	111
		1.2.6 Ausnahmen von der Meldepflicht	112
		1.2.7 Besondere Fälle der Meldepflicht	113
	1.3	Gebührenpflicht	115
		1.3.1 Grundsatz	115
		1.3.2 Befreiung von der Gebührenpflicht	115
	1.4	Sanktionen bei Nichtanmeldung	116
2.	**Gebührenhöhe**		**118**
	2.1	Festsetzungsprozess	118
		2.1.1 Zuständigkeit	118
		2.1.2 Bemessungsregeln	120
		2.1.3 Festsetzungsprozess in Deutschland	124
		a) Zuständigkeit	124
		b) Bemessungsregeln	125
		2.1.4 Eigene Stellungnahme	126
		a) Staatliche Einflussnahmemöglichkeit	126

		b)	Mangelnde Berechnungsregeln	129
		c)	Fehlende Rechtsmittel	131
	2.2		Höhe der Rundfunkgebühr	132
	2.2.1		Entwicklung der Gebührenhöhe in der Schweiz	132
	2.2.2		Europäischer Vergleich	133
	2.2.3		Eigene Stellungnahme	135

3. Einsatz der Rundfunkgebühr **136**
   3.1   SRG 136
      3.1.1   Gebührenanteil der SRG 136
      3.1.2   Finanzausgleich 138
      3.1.3   Quantitativer Einsatz 139
      3.1.4   Qualitativer Einsatz 142
   3.2   Private Veranstalter 144
      3.2.1   Gebührensplitting 144
      3.2.2   Berechnungsgrundlage 147
      3.2.3   Leistungsempfänger 147
      3.2.4   Einsatz der Gebührensplittinggelder 149
   3.3   Eigene Stellungnahme 150
      3.3.1   Keine Zweckbindung 150
      3.3.2   Fehlender Kontrollmechanismus 153
      3.3.3   Mangelnde Transparenz 154
      3.3.4   Missachtung des Subsidiaritätsprinzips 156
   3.4   Nachträgliche Verwendung der PTT-Gebührengelder 159

4. Inkasso **160**
   4.1   Rechte und Pflichten der Inkassostelle 160
   4.2   Datenschutz 162

5. Exkurs: Unzulässige staatliche Beihilfen **163**
   5.1   Unübersichtliche Rechtslage 163
   5.2   Definition des Begriffs „staatliche Beihilfen" 166
   5.3   Zulässigkeit staatlicher Beihilfen 168
   5.4   Schweizer Veranstalterfinanzierung als staatliche Beihilfe? 169

V. Fazit ***172***

Abkürzungsverzeichnis

a.A.	anderer Ansicht
ABl	Amtsblatt (Europäische Union)
aBV	alte Bundesverfassung
AfP	Archiv für Presserecht
AJP	Aktuelle Juristische Praxis
AmtlBull	Amtliches Bulletin der Bundesversammlung
Art.	Artikel
AS	Amtliche Sammlung
AUT	Österreich
BAKOM	Bundesamt für Kommunikation
BaZ	Basler Zeitung
BBC	British Broadcasting Company
BBl	Bundesblatt
Bd.	Band
BE	Belgien
BGE	Bundesgerichtsentscheid
BGH	Bundesgerichtshof (Deutschland)
BV	Bundesverfassung der Schweizerischen Eidgenossenschaft
BVerfGE	Bundesverfassungsgerichtsentscheidung (Deutschland)
D	Deutschland
Dän	Dänemark
Diss.	Dissertation
DS	Deutsche Schweiz
EBU	European Broadcasting Union
EGV	Vertrag über die Europäische Gemeinschaft
EMRK	Europäische Menschenrechtskonvention
Epd	Epd medien
E-RTVG	Entwurf für ein Radio- und Fernsehgesetz vom Dezember 2002
etc.	et cetera
EU	Europäische Union

EuGEI	Europäisches Gericht erster Instanz
EuGH	Gerichtshof der Europäischen Gemeinschaft
EuGRZ	Europäische Grundrechte-Zeitschrift
EVED	Eidgenössisches Verkehrs- und Energiewirtschaftsdepartement
f./ff.	folgend/e
FDV	Fernmeldedienstverordnung
Fi	Finnland
FMG	Fernmeldegesetz
Fr	Frankreich
FS	Französische Schweiz
GB	Grossbritannien
h.L.	herrschende Lehre
Hrsg.	Herausgeber
i.S.	in Sachen
Ir	Irland
Is	Island
It	Italien
KEF	Kommission zur Ermittlung des Finanzbedarfs
m.E.	meines Erachtens
N	Niederlande
NR	Nationalrat
Nr.	Nummer
NZZ	Neue Zürcher Zeitung
ORF	Österreichischer Rundfunk
PTT	Post Telephon Telegraph
resp.	respektive
RfinzStV	Rundfunkfinanzierungsstaatsvertrag
RStV	Rundfunkstaatsvertrag
Rn.	Randnummer
RR	Rätoromanische Schweiz
Rs.	Rechtssache
RTVG	Radio- und Fernsehgesetz
RTVV	Radio- und Fernsehverordnung

S	Schweden
s.	siehe
S.	Seite
SchKG	Bundesgesetz über Schuldbetreibung und Konkurs
SI	Italienische Schweiz
Slg.	Sammlung (Europäischer Gerichtshof)
sog.	sogenannt
SR	Systematische Sammlung des Bundesrechts
SRG	Schweizer Radio- und Fernsehgesellschaft (SRG SSR idée suisse)
SuG	Subventionsgesetz
TA	Tages-Anzeiger
TVG	Telegrafen- und Telefonverkehrsgesetz
u.a.	unter anderem
UBI	Unabhängige Beschwerdeinstanz
UVEK	Departement für Umwelt, Verkehr, Energie und Kommunikation
VE-RTVG	Vorentwurf für ein Radio- und Fernsehgesetz vom Dezember 2000
vgl.	vergleiche
VwVG	Verwaltungsverfahrensgesetz
z.B.	zum Beispiel
ZBl	Schweizerisches Zentralblatt für Staats- und Verwaltungsrecht
zit.	zitiert
ZUM	Zeitschrift für Urheber und Medienrecht

Literaturverzeichnis

Sämtliche Internet-Zitate entsprechen dem Stand vom 22. Dezember 2003; weitere Hinweise auf Rechtsquellen finden sich in den Fussnoten.

Ackeret Matthias, Das duale Rundfunksystem der Schweiz, Diss. Zürich, Bern 1998.

Aubert Jean-François, Bundesstaatsrecht der Schweiz, Fassung von 1967, Neubearbeiteter Nachtrag bis 1990, Band I, Basel und Frankfurt am Main 1991.

BAKOM, Erläuterungen zum Entwurf für ein neues Radio- und Fernsehgesetz, Biel 2000, http://www.bakom.ch/imperia/md/content/deutsch/aktuel/3.pdf (zit. Erläuterungen VE-RTVG).

BAKOM, Jahresbericht 1999, Biel 2000 (zit. BAKOM, Jahresbericht 1999).

BAKOM, Wegleitung für Lokalradioveranstalter, Biel 2000 (zit. BAKOM, Wegleitung Radio).

BAKOM, Bundesgesetz über Radio und Fernsehen (RTVG), Vernehmlassung, Zusammenstellung der Ergebnisse, November 2001, http://www.bakom.ch/imperia/md/content/deutsch/aktuel/5.pdf (zit. Vernehmlassungsbericht).

BAKOM, Jahresbericht 2000, Biel 2001 (zit. BAKOM, Jahresbericht 2000).

BAKOM, Jahresbericht 2001, Biel 2002 (zit. BAKOM, Jahresbericht 2001).

BAKOM, Jahresbericht 2002, Biel 2003 (zit. BAKOM, Jahresbericht 2002).

BAKOM, Wegleitung zum Fragebogen für Veranstalter von Lokalfernseh-Programmen, Biel 2003 (zit. BAKOM, Wegleitung TV).

Beck Daniel/Münger Tamara, Die neue Transparenzrichtlinie der EU und ihre Auswirkungen auf den öffentlich-rechtlichen Rundfunk, in: Donges/Puppis (Hrsg.), Die Zukunft des öffentlichen Rundfunks – Internationale Beiträge aus Wissenschaft und Praxis, Köln 2003, S. 239 ff.

Becker Udo, Existenzgrundlagen öffentlich-rechtlicher und privater Rundfunkveranstalter nach dem Rundfunkstaatsvertrag, Baden-Baden 1992.

Braun Mathias/Gillert Olaf/Hoberg Dominik/Hübner Eva-Maria/Kamps Michael, Spartenkanäle: Grenzen einer Zukunftsperspektive für den öffentlich-rechtlichen Rundfunk, ZUM 1996, S. 201 ff.

Bundesamt für Justiz, Reform der Bundesverfassung – Bewährtes erhalten, Zukunft gestalten, Schweiz stärken, Erläuterungen zum Verfassungsentwurf, Bern 1995 (zit. Reform BV).

Bundesrat, Botschaft über eine neue Bundesverfassung vom 20. November 1996, Separatdruck (zit. Botschaft BV).

Bundesrat, Revision des Radio- und Fernsehgesetzes (RTVG), Aussprachepapier vom 19. Januar 2000 (zit. Bundesrat, Aussprachepapier).

Bundesrat, Botschaft zur Totalrevision des Bundesgesetzes über Radio und Fernsehen (RTVG), BBl vom 4. März 2003, S. 1531 ff., http://www.admin.ch/ch/d/ff/2003/1569.pdf (zit. Botschaft E-RTVG).

Burgi Martin, Funktionale Privatisierung und Verwaltungshilfe; Staatsaufgabendogmatik – Phänomenologie – Verfassungsrecht, Tübingen 1999.

Dargel Christoph, Die Rundfunkgebühr: verfassungs-, finanz- und europarechtliche Probleme ihrer Erhebung und Verwendung, Frankfurt am Main 2002.

Degenhart Christoph, Verfassungsrechtliche Determination der Rundfunkfinanzierung – Gestaltungsfreiheit und Systemkonsequenz, in: Badura/Scholz (Hrsg.), Wege und Verfahren des Verfassungslebens, Festschrift für Peter Lerche zum 65. Geburtstag, München 1993, S. 611 ff.

Donges Patrick/Künzler Mathias, Rundfunkpolitische Modelle und ihre Diskussion in Europa, Medienheft 14/25. Oktober 2000, http://www.medienheft.ch/dossier/bibliothek/d14_DongesKuenzler.pdf.

Dumermuth Martin, Die Programmaufsicht bei Radio und Fernsehen in der Schweiz, Diss. Bern, Basel 1992 (zit. Dumermuth, Programmaufsicht).

Dumermuth Martin, Rundfunkrecht, in: Weber (Hrsg.), Informations- und Kommunikationsrecht, in: Schweizerisches Bundesverwaltungsrecht, Bd. V, Basel 1996 (zit. Dumermuth, Rundfunkrecht).

Dumermuth Martin, Die technische Konvergenz der Medien aus regulatorischer Sicht, in: Medienwissenschaft Schweiz 2/2000, S. 43 ff. (zit. Dumermuth, Konvergenz).

Eberle Carl-Eugen, Die Rundfunkgebühr – Verfassungsrechtlicher Anspruch und gesellschaftspolitische Funktion, AfP 1995, S. 559 ff.

EBU, Funding of public service broadcasting, http://www.ebu.ch/departments/legal/pdf/leg_p_funding_psb.pdf.

Eckhardt Josef/Tebert Miriam, Teilnehmerselbstanmeldung und Gebührenakzeptanz, Ergebnisse einer Repräsentativstudie 18- bis 35-Jähriger in Deutschland, WDR Unternehmensplanung und Medienforschung 1986.

Egloff Willi/Rostan Blaise, Handbuch des Radio- und Fernsehrechts, Bern 1983.

EU-Kommission, 23. Bericht über die Wettbewerbspolitik 1993, Brüssel 1994 (zit. EU-Kommission, Wettbewerbspolitik 1993).

EU-Kommission, 25. Bericht über die Wettbewerbspolitik 1995, Brüssel 1996 (zit. EU-Kommission, Wettbewerbspolitik 1995).

EU-Kommission, 26. Bericht über die Wettbewerbspolitik 1996, Brüssel 1997 (zit. EU-Kommission, Wettbewerbspolitik 1996).

EU-Kommission, 27. Bericht über die Wettbewerbspolitik 1997, Brüssel 1998 (zit. EU-Kommission, Wettbewerbspolitik 1997).

Expertenkommission, Bericht der Expertenkommission für eine Medien-Gesamtkonzeption, Bern 1982.

Fechner Frank, Medienrecht, 2. Auflage, Tübingen 2001.

Gersdorf Hubertus, Staatsfreiheit des Rundfunks in der dualen Rundfunkordnung der Bundesrepublik Deutschland, Berlin 1991.

Grob Franziska Barbara, Die Programmautonomie von Radio und Fernsehen in der Schweiz, Diss. Zürich 1994.

Grupp Alfred Paul, Grundfragen des Rundfunkgebührenrechts, Frankfurt am Main 1983.

Gygi Fritz/Richli Paul, Wirtschaftsverfassungsrecht, 2. Auflage, Bern 1997.

Haas Josefa, Der Service Public der SRG SSR idée suisse: Nutzenbilanz, Bern 2003.

Häfelin Ulrich/Haller Walter, Schweizerisches Bundesstaatsrecht, 5. Auflage, Zürich 2001.

Häfelin Ulrich/Müller Georg, Allgemeines Verwaltungsrecht, 4. Auflage, Zürich 2002.

Hahn Werner/Vesting Thomas/Merten Maximilian, Beck'scher Kommentar zum Rundfunkrecht, München 2003.

Hangartner Yvo, Grundsätze rechtsstaatlichen Handelns, in: Ehrenzeller/Mastronardi/Schweizer/Vallender (Hrsg.), Die Schweizerische Bundesverfassung, Kommentar, Basel/Zürich/Genf 2002, Art. 5 (zit. Hangartner, St. Galler Kommentar zu Art. 5).

Hebeisen Walter Michael, Staatszweck – Staatsziele – Staatsaufgaben, Chur/Zürich 1996.

Herrmann Günter, Rundfunkrecht – Fernsehen und Hörfunk mit neuen Medien, München 1994.

Hoffmann-Riem Wolfgang, Die Indexierung der Rundfunkgebühr: Problemebenen, in: Hoffmann-Riem (Hrsg.), Indexierung der Rundfunkgebühr: Analysen aus rechts- und wirtschaftswissenschaftlicher Sicht, Baden-Baden 1991, S. 8 ff. (zit. Hoffmann-Riem, Indexierung).

Hoffmann-Riem Wolfgang, Kann und soll der öffentliche Rundfunk eine Staatsaufgabe sein?, in: Donges/Puppis (Hrsg.), Die Zukunft des öffentlichen Rundfunks – Internationale Beiträge aus Wissenschaft und Praxis, Köln 2003, S. 29 ff. (zit. Hoffmann-Riem, Staatsaufgabe).

Hümmerich Klaus/Beucher Klaus, Rundfunkfinanzierung auf dem Prüfstand, AfP 1989, S. 708 ff.

Ipsen Hans-Peter, Die Rundfunkgebühr: ein Rechtsbeitrag zur Rundfunkdiskussion, 2. Auflage, Hamburg 1958.

Jaques Charles, Billag: juge et partie?, AJP 2002, S. 721 ff.

Jarren Otfried, Der Schweizerische Rundfunk im Netz: Möglichkeiten der Absicherung und Bindung der SRG an die Gesellschaft, Zürich 2001.

Jarren Otfried/Donges Patrick, Medienregulierung durch die Gesellschaft?, Wiesbaden 2000.

Jarren Otfried/Weber Rolf H./Donges Patrick/Dörr Bianka/Künzler Matthias/Puppis Manuel, Rundfunkregulierung, Leitbilder, Modelle und Erfahrungen im internationalen Vergleich, Zürich 2002.

Kirchhof Ferdinand, Die Höhe der Gebühr, Berlin 1981.

Kley Andreas, Die Medien im neuen Verfassungsrecht, in: Zimmerli (Hrsg.), Die neue Bundesverfassung, Bern 2000, S. 183 ff.

Kloepfer Michael, Informationsrecht, München 2002.

Knapp Blaise, Grundlagen des Verwaltungsrechts, Band I, Deutschsprachige Ausgabe der vierten, vollständig überarbeiteten Auflage des précis de droit administratif, Basel und Frankfurt am Main 1992.

Koenig Christian/Haratsch Andreas, Die Rundfunkgebühren auf dem Prüfstand des Altmarkt Trans-Urteils des Europäischen Gerichtshofs, in: ZUM 2003, S. 804 ff.

Koenig Christian/Kühling Jürgen, How to cut a long story short: Das PreussenElektra-Urteil des EuGH und die EG-Beihilfenkontrolle über das deutsche Rundfunkgebührensystem, in: ZUM 2001, S. 537 ff.

Kollek Andreas, Rechtsfragen der Rundfunkfinanzierung, Frankfurt am Main 1987.

Kops Manfred, Möglichkeiten und Probleme einer Indexierung der Rundfunkgebühr, 1994.

Kresse Hermann, Grundversorgung und integrative Pluralismussicherung – zu den Eckpunkten des klassischen Rundfunkauftrags, ZUM 1995, S. 67 ff.

Krummenacher Theo, Rundfunkfreiheit und Rundfunkorganisation, Diss. Zürich, Bern 1988.

Langenbucher Wolfgang R., Wie ein Phoenix aus der Asche? – Zusammenfassende Bemerkungen und weiterführende Gedanken, in: Donges/Puppis (Hrsg.), Die Zukunft des öffentlichen Rundfunks – Internationale Beiträge aus Wissenschaft und Praxis, Köln 2003, S. 328 ff.

Lerche Peter, Rechtsprobleme des Werbefernsehens, Frankfurt am Main 1965.

Libertus Michael, Grenzen entgeltfinanzierter öffentlich-rechtlicher Fernsehangebote, AfP 1998, S. 149 ff.

Lohbeck Anna-Katharina, Die Verfassungsmässigkeit der Rundfunkgebühr in ihrer gegenwärtigen Gestalt in der gegenwärtigen und einer zukünftigen Rundfunkordnung, Hamburg 2000.

Lombardi Filippo, Le „splitting" doit sauver ce qui peut encore l'être, Medialex 2/03, S. 73 f.

Marti Hans, Die Wirtschaftsfreiheit der schweizerischen Bundesverfassung, Basel 1976.

Müller Georg, Gebühren für den Radio- und Fernsehempfang, recht 1985, S. 130 ff. (zit. Müller G.).

Müller Jörg Paul, Grundrechte in der Schweiz, 3. Auflage, Bern 1999.

Müller Jörg Paul/Grob Franziska, Artikel 55bis, in: Kommentar zur Bundesverfassung der Schweizerischen Eidgenossenschaft vom 29. Mai 1874, Stand Mai 1995, Basel/Zürich/Bern.

NZ On Air, The 5 Year Plan – NZ On Air Strategy 2003-2008, http://www.nzonair.govt.nz/media/about/corporatepdfs/SP03.pdf.

Pedrazzini Mario M./Oberholzer Niklaus, Grundriss des Personenrechts, 4. Auflage, Bern 1993.

Peters Hans, Öffentliche und staatliche Aufgaben, in: Dietz/Hübner (Hrsg.), Festschrift für Hans Carl Nipperdey zum 70. Geburtstag, Bd. 2, München/Berlin 1965, S. 877 ff.

Pünter Otto, Schweizerische Radio- und Fernsehgesellschaft 1931-1970, Bern 1971.

Rhinow Réne/Schmid Gerhard/Biaggini Giovanni, Öffentliches Wirtschaftsrecht, Basel 1998.

Richli Paul, Zulässigkeit einheitlicher Fernsehempfangsgebühren trotz mangelhaftem Empfang gewisser Sender bzw. Verzicht auf das SRG Programm, AJP 1995, S. 1496 ff. (zit. Richli, Fernsehempfangsgebühren).

Richli Paul, Staatsaufgaben – Grundlagen, in: Thürer/Aubert/Müller (Hrsg.), Verfassungsrecht der Schweiz, Zürich 2001, § 54, S. 851 ff. (zit. Richli, Staatsaufgaben).

Ricker Reinhart/Schiwy Peter, Rundfunkverfassungsrecht, München 1997.

Riklin Franz, Die Programmfreiheit bei Radio und Fernsehen, Freiburg 1973.

Rostan Blaise, Le service public de radio et de télévision, Diss. Lausanne 1982.

Roth Markus, Bemerkungen zu BGE 128 II 39, AJP 2002, S. 721 ff.

Schade Edzard, Schweizer Radiogeschichte bis 1931, in: Drack (Hrsg.), Radio und Fernsehen in der Schweiz – Geschichte der Schweizerischen Rundspruchgesellschaft SRG bis 1958, Baden 2000, S. 15 ff.

Schanne Michael, Der Service Public der SRG SSR idée suisse: Nutzenbilanz 2001, Bern 2001.

Schawinski Roger, Radio 24, Die Geschichte des ersten freien Radios in der Schweiz, Zürich 1982.

Schmidt Walter, Die Rundfunkgebühr in der dualen Rundfunkordnung, Frankfurt am Main 1989.

Schmitz Alfred, Rundfunkfinanzierung, Köln 1990.

Schürmann Leo/Nobel Peter, Medienrecht, 2. Auflage, Bern 1993.

Schwarzenbach-Hanhart Hans Rudolf, Grundriss des allgemeinen Verwaltungsrechts, 11. Auflage, Bern 1997.

Schweizer Rainer J., Kantone, in: Ehrenzeller/Mastronardi/Schweizer/Vallender (Hrsg.), Die Schweizerische Bundesverfassung, Kommentar, Basel/Zürich/Genf 2002, Art. 3 (zit. Schweizer, St. Galler Kommentar zu Art. 3).

Schwendinger Gerd, Deutsche Rundfunkgebühren – „staatlich oder aus staatlichen Mitteln gewährt"?, Florenz 2003.

SRG, Entwicklung der Einnahmen der SRG SSR idée suisse seit 1993, http://www.srg.ch/de/home/gebuhren_1993.doc (zit. SRG, Einnahmen).

SRG, Portrait der SRG SSR idée suisse, Josefa Haas (Hrsg.), Juni 2000 (zit. SRG, Portrait).

SRG, Geschäftsbericht 2000, Bern 2001 (zit. SRG, Geschäftsbericht 2000).

Stampfli Katharina, Die Prinzipien der Nichtdiskriminierung, Kostenorientierung und Transparenz im Rahmen der Interkonnektion aus ökonomischer Sicht: Der Schlüssel zu wirksamen Wettbewerb?, in: Weber (Hrsg.), Neues Fernmelderecht – Erste Orientierung, Zürich 1998, S. 75 ff.

Trechsel Stefan, Schweizerisches Strafgesetzbuch, Kurzkommentar, 2. Auflage, Zürich 1997.

Trüeb Hans Rudolf, Der so genannte Service Public, ZBl 2002, S. 225 ff. (zit. Trüeb, Service Public).

Trüeb Hans Rudolf, Grundversorgung mit Fernmeldediensten: Gemeinwohlaufgabe oder Mittel der Strukturerhaltung, AJP 2002, S. 1186 ff. (zit. Trüeb, Fernmelderecht).

Tschannen Pierre/Zimmerli Ulrich/Kiener Regina, Allgemeines Verwaltungsrecht, Bern 2000.

Tuor Peter/Schnyder Bernhard/Schmid Jörg/Rumo-Jungo Alexandra, Das Schweizerische Zivilgesetzbuch, 12. Auflage, Zürich/Basel/Genf 2002.

Uphoff Boris, Fernsehmarkt und Grundversorgung – Zu den tatsächlichen und rechtlichen Voraussetzungen der Sonderbehandlung öffentlichrechtlicher Rundfunkanstalten und ihrer Vereinbarkeit mit dem Beihilferecht der Europäischen Gemeinschaft, Diss. Konstanz 1996.

Vallender Klaus A., Wirtschaftsfreiheit und begrenzte Staatsverantwortung, Grundzüge des Wirtschaftsverfassungs- und Wirtschaftsverwaltungsrecht, Bern 1995.

Vonlanthen Beat, Das Kommunikationsgrundrecht „Radio- und Fernsehfreiheit", Freiburg 1987.

Weber Rolf H., Medienkonzentration und Meinungspluralismus, Zürich 1995 (zit. Weber, Medienkonzentration).

Weber Rolf H., Zur Medienrelevanz des neuen Kartellgesetzes, Medialex 1996, S. 19 ff. (zit. Weber, Medienrelevanz).

Weber Rolf H., Neue Medien – Neues Regulierungssystem?, in: Weber (Hrsg.), Symposium Schluep – Querbezüge zwischen Kommunikations- und Wettbewerbsrecht, Zürich 1998, S. 19 ff. (zit. Weber, Symposium Schluep).

Weber Rolf H., Neustrukturierung der Rundfunkordnung, Zürich 1999 (zit. Weber, Neustrukturierung).

Weber Rolf H., Finanzierung der Rundfunkordnung, Zürich 2000 (zit. Weber, Rundfunkfinanzierung).

Weber Rolf H., Energie und Kommunikation, in: Thürer/Aubert/Müller (Hrsg.), Verfassungsrecht der Schweiz, Zürich 2001, § 60, S. 943 ff. (zit. Weber, Energie).

Weber Rolf H., Gebührensplitting – Mehr Probleme als Lösungen?, Medialex 2/03, S. 71 f. (zit. Weber, Gebührensplitting).

Weber Rolf H., Informations- und Kommunikationsrecht – Allgemeiner Überblick, in: Weber (Hrsg.), Informations- und Kommunikationsrecht, Schweizerisches Bundesverwaltungsrecht, 2. Auflage, Basel 2003 (zit. Weber, Informations- und Kommunikationsrecht).

Weber Rolf H., Service public und Regulierung in der Schweiz, in: Donges/Puppis (Hrsg.), Die Zukunft des öffentlichen Rundfunks – Internationale Beiträge aus Wissenschaft und Praxis, Köln 2003, S. 189 ff. (zit. Weber, Regulierung).

Weber-Dürler Beatrice, Staatliche Finanzhilfe und individuelle Freiheit, recht 1987, S. 1 ff.

Weiss Wolfgang, Privatisierung und Staatsaufgaben: Privatisierungsentscheidungen im Lichte einer grundrechtlichen Staatsaufgabenlehre unter dem Grundgesetz, Tübingen 2002.

Widmer-Schlumpf Eveline, Voraussetzungen der Konzession bei Radio und Fernsehen, Diss. Zürich, Basel 1990.

Zumstein Christophe, Der Begriff der Staatsaufgabe, Diss. Basel 1980.

Zysset Heinz, Die Empfangsgebühren Radio und Fernsehen im europäischen Vergleich, http://www.srg.ch/de/home/gebuhren_europa.doc.

I. Einleitung

Über eine Milliarde Franken zahlen die Schweizerinnen und Schweizer zurzeit jährlich an Radio- und Fernsehempfangsgebühren[1]. Mit diesem Geld soll in der Schweiz die Grundversorgung mit Radio- und Fernsehprogrammen sichergestellt werden. Rund 94 % des Gesamtertrags der Rundfunkgebühren erhält die SRG, die laut Gesetz mit der Grundversorgung beauftragt ist. Im Hinblick auf die umfangreichen Leistungen, die von der SRG erbracht werden[2], erscheint diese auf staatliche Finanzierung ausgerichtete Medienpolitik erfolgreich. Betrachtet man die Landschaft der elektronischen Medien jedoch vom Standpunkt einer liberalen Wirtschafts- und Staatsauffassung her, kommen berechtigte Zweifel auf.

Sprachregionale resp. nationale UKW-Konkurrenz im Radio hat die SRG bis heute nicht. Die Lokalradios haben sich in ihren Sendegebieten zwar weitgehend etabliert, der Ausbau der Regionaljournale von Radio DRS stellt für sie jedoch eine ernsthafte Bedrohung dar. Die Regionalfernsehen haben nur marginale Bedeutung erlangt und können sich in den meisten Fällen nicht selbst finanzieren. Noch prekärer ist die Lage beim sprachregionalen Privatfernsehen: Projekte von „RTL" und „Pro 7" („RTL/Pro 7"), „TA-Media" („TV3") und Roger Schawinski („Tele 24") sind gescheitert[3]. Erfolgreich ist hingegen „PresseTV". Dabei handelt es sich um eine Variante des „Channel-Sharing"[4]. Die SRG bietet als Provider verschiedenen Verlagshäusern eine Plattform für Fernsehsendungen an. Die Verlage „Ringier", „Basler Mediengruppe" und „NZZ" machen seit einigen Jahren von diesem Angebot Gebrauch und produzieren TV-

---

[1] Vgl. NZZ am Sonntag vom 20. Oktober 2002, S. 1; BaZ vom 8. Februar 2000, S. 9.
[2] Schanne, S. 9 ff.; Haas, S. 4 ff.
[3] Vgl. TA vom 24. März 2000, S. 68.
[4] Medienmitteilung des UVEK vom 17. Januar 2001; Ackeret, S. 127 ff.

Sendungen, die dann im zweiten Programm („SF2") des Schweizer Fernsehens ausgestrahlt werden. Bei dieser Form des „Channel-Sharing" kommt es zu einer Verschmelzung zwischen gebührenfinanziertem Service Public-Anbieter und kommerziellem Verlagshaus. Diese Kooperation ermöglicht es den Verlagshäusern, Fernsehen zu machen, ohne dabei ein grosses unternehmerisches Risiko einzugehen. Der Preis dafür ist eine Abhängigkeit vom Provider, der SRG. Eine Konkurrenzsituation zwischen den erwähnten Verlagshäusern und der SRG entsteht nicht[5].

Der Rundfunk in der Schweiz ist – wie vor 20 Jahren – von einer monopolähnlichen Stellung der SRG geprägt. Ein freier Wettbewerb ist nur in äusserst eingeschränktem Mass entstanden[6]. Freilich ist dafür auch von Bedeutung, dass der Rundfunkmarkt in der Schweiz sehr klein und durch eine hohe Präsenz ausländischer Programme geprägt ist[7]. Die Bedeutung der elektronischen Medien und das Konsumverhalten der Rezipienten haben sich jedoch in den vergangenen 20 Jahren grundlegend verändert. Gründe dafür sind die Internationalisierung, die Zunahme der empfangbaren Programme, die Konvergenz und die Digitalisierung[8]. Dieser Wandel müsste konsequenterweise zu einem Umdenken in der Medienpolitik führen. Zeitgemäss wäre sowohl bei der Rundfunkfinanzierung als auch bei der Rundfunkregulierung eine weitaus marktwirtschaftlichere Denkweise. Der Staat sollte nur dann in seine finanzielle Pflicht genommen werden, wenn der Markt aus Kostengründen nicht in der Lage ist, die gewünschten Ergebnisse zu liefern.

Die folgende Arbeit beschäftigt sich mit den Radio- und Fernsehempfangsgebühren. Die Schwierigkeit bestand darin, dass in der Schweiz in diesem Bereich der Rundfunkregulierung und -finanzierung bislang nur

---

[5] Vgl. Weber, Medienkonzentration, S. 26.
[6] BBl 1987 III 713.
[7] Weber, Regulierung, S. 192.
[8] Bundesrat, Aussprachepapier, S. 3 ff.; Dumermuth, Konvergenz, S. 49 ff.

wenig geforscht wurde, und die Literatur aus den Nachbarländern nur beschränkt verwendbar ist. Wo Parallelen zulässig sind, wird freilich auf den dortigen Stand der Diskussion eingegangen.

Der erste Teil dieser Arbeit (Kapitel II) befasst sich mit der Entstehung und Entwicklung der Radio- und Fernsehempfangsgebühren. Dieser Abschnitt beleuchtet die Geschichte der Rundfunkgebühr in den letzten 80 Jahren. Ein besonderes Augenmerk ist auf die laufende Revision des RTVG gerichtet. Das künftige Gesetz ist entscheidend für die Beurteilung, ob die Schweiz für das digitale Medienzeitalter gerüstet ist oder nicht. Dort, wo es sinnvoll erscheint, werden in der gesamten Arbeit die Regelungen des E-RTVG berücksichtigt und mit dem geltenden Recht verglichen.

Im Zentrum des verfassungsrechtlichen Teils (Kapitel III) steht die Interpretation des Radio- und Fernsehartikels[9] unter dem Gesichtspunkt der Gebührenfinanzierung. Ist der Auffassung des Bundesgerichts zuzustimmen, dass sich die technische Seite der elektronischen Medien auch nach der Aufnahme des Radio- und Fernsehartikels in die Verfassung weiterhin nach dem Fernmeldeartikel[10] beurteilt? Diese Frage führt zur Überprüfung, wie umfassend der Gesetzgebungsauftrag ist, den Art. 93 Abs. 1 BV erteilt. Erst wenn dies beantwortet ist, lässt sich die exakte Aufgabe des Bundes im Zusammenhang mit der Gebührenfinanzierung festlegen. Das Ergebnis dieser Verfassungsinterpretation ist auch für die Bestimmung der Rechtsnatur der Radio- und Fernsehempfangsgebühren von Bedeutung, die der Einfachheit halber am Ende von Kapitel III behandelt wird.

Kapitel IV beleuchtet das Rundfunkfinanzierungssystem auf Gesetzesstufe. Die Ergebnisse dieser Gesetzesinterpretation werden immer wieder

---

[9] Art. 93 BV.

mit den Erkenntnissen der Verfassungsinterpretation verglichen. Im Mittelpunkt stehen zunächst die Auslegung der Melde- und Gebührenpflicht sowie die Gebührenhöhe. Ist es richtig, wie in der Presse zu lesen war, dass die Rundfunkgebühr im europäischen Vergleich in der Schweiz am höchsten ist[11]? Wenn das zutrifft, was sind die Gründe dafür? In diesem Zusammenhang stellt sich auch die Frage, ob der Höhe der Rundfunkgebühr Grenzen gesetzt sind.

In einem zweiten Schritt wird im selben Kapitel die Verwendung der Radio- und Fernsehempfangsgebühren näher untersucht. Wer entscheidet darüber, wie die Rundfunkgebühr verteilt und von den Veranstaltern eingesetzt wird? Welches sind die Schwachstellen dieses Prozesses? An dieser Stelle drängen sich überdies zwei, drei Bemerkungen zum sog. „Gebührenhonigtopf" auf. Die ehemals für die technische Programmverbreitung und das Inkasso verantwortlichen PTT-Betriebe hatten eine erhebliche Summe der zur Erfüllung ihrer Aufgaben erhaltenen Radio- und Fernsehempfangsgebühren nicht benötigt und eingespart[12]. Dieses Geld erhielten die Swisscom und die SRG. War diese nachträgliche Gebührenverwendung rechtmässig, oder hätte das Geld den Rundfunkgebührenzahlern rückvergütet werden müssen? Am Ende des Kapitels wird kurz auf die Rolle der Gebühreneinzugsstelle Billag AG eingegangen und die Schweizer Gebührenregelung – für den Fall, dass die Schweiz der EU beitritt – auf ihre „Europatauglichkeit" hin überprüft.

Die vorliegende Arbeit soll dem Leser einen juristischen Überblick über die Rundfunkgebühr in der Schweiz vermitteln. Es wäre wünschenswert, wenn die gewonnenen Erkenntnisse für künftige Entwicklungen der Rundfunkfinanzierung und -regulierung von Nutzen sein könnten.

---

[10] Art. 92 BV.
[11] Vgl. NZZ vom 19. April 2002, S.79; Berner Zeitung vom 13. April 2002, S. 60.
[12] Vgl. Sonntagszeitung vom 7. Dezember 1997, S. 1 und S. 3; TA vom 8. März 2002, S. 1.

Hauptaufgabe dieser Arbeit ist es, einen Beitrag zu einer modernen Medienpolitik zu leisten. Deren Crux wird es sein, die Schwächen einer auf Monopole und staatliche Finanzierung ausgerichteten Mediengesetzgebung zu beseitigen und gleichzeitig die Gefahren einer allzu kommerzialisierten Medienlandschaft auf ein Minimum zu reduzieren[13].

---

[13] Vgl. NZZ vom 21. Februar 2003, S. 75; zur Diskussion im Fernmelderecht vgl. Trüeb, Fernmelderecht, S. 1186 f.

II. Geschichte der Rundfunkgebühr

1. Gebührensplitting unter verschiedenen Veranstaltern (1922-1930)

1.1 Entstehung des Rundfunks in der Schweiz

Die Entstehung des Rundfunks in der Schweiz geht auf den Empfang und das Senden von Zeitzeichen zurück[14]. Bereits vor dem Ersten Weltkrieg war dafür eine Konzession notwendig, welche die Schweizer Behörden gestützt auf das Telegrafenmonopol erteilten[15]. Anfang der Zwanzigerjahre wuchs in der Bevölkerung das Bedürfnis nach dem im Ausland sich allmählich etablierenden Radio. In der Folge wurden zahlreiche sog. Radioclubs gegründet. Sie führten Versuche mit selbst gebastelten Sendern und Empfängern durch, wofür sie vorab beim Bund eine Bewilligung einholen mussten[16]. Öffentliche Vorführungen solcher Versuche erforderten eine zusätzliche Genehmigung[17].

Die Schweizer Bundesbehörden erkannten sehr schnell, dass es sich beim Radio um ein für die Zukunft bedeutendes Medium handelte. Es war jedoch umstritten, ob der Bund die verfassungsmässige Kompetenz besass, rundfunkpolitische Entscheide zu treffen[18]. Befürchtet wurde eine unzulässige Ausdehnung des Telegrafenmonopols. Ungeachtet dieser Bedenken legte der Bundesrat Ende 1922 die Eckpunkte der künftigen Rundfunkpolitik fest. Danach sollte die Schweizer Rundfunkpolitik eine nicht

---

[14] Pünter, S. 13.
[15] Rostan, S. 40.
[16] Pünter, S. 14.
[17] Amtsblatt der PTT, 1922, Nr. 72.
[18] Obertelegraphendirektion, Protokoll der Sitzungen vom 18./19. Dezember 1922, S. 10 f.

kommerziell ausgerichtete Radiolandschaft mit verschiedenen privaten Veranstaltern anstreben. Diese sollten zwar unter behördlicher Aufsicht stehen – eine direkte Mitwirkung des Staates bei der Programmgestaltung wurde jedoch ausgeschlossen[19].

Bereits im Januar des folgenden Jahres erteilte die Obertelegraphendirektion, gestützt auf das TVG, die erste Konzession zur Veranstaltung von öffentlichen Radioprogrammen an die welsche Programmgesellschaft „Utilitas"[20]. Etwas mehr als einen Monat später nahm diese in der Nähe von Lausanne ihren Sendebetrieb als erste staatlich bewilligte Radiostation der Schweiz auf. Da der Sender jedoch primär der Luftfahrt diente, beschränkte sich das Programm auf jene Stunden, in denen der Flugbetrieb ruhte[21].

In den folgenden Jahren wurden weitere Programmveranstalter konzessioniert, aus denen später die regionalen Radiogesellschaften Zürich, Bern, Basel, Lausanne und Genf entstanden[22]. Sie waren als Genossenschaften konzipiert, an denen sich Kantone, Wirtschaftsverbände und Vereine beteiligten[23]. Ihr Programm setzte sich mehrheitlich aus Musik, Nachrichten und Sportinformationen zusammen[24]. Die Finanzierung des Sendebetriebs erwies sich schon bald als sehr grosses Problem. Der Ertrag aus den Empfangsgebühren war marginal und Werbung verboten. Die Veranstalter waren deshalb auf Gelder der Genossenschafter und auf staatliche Subventionen angewiesen[25].

---

[19] Schade, S. 26.
[20] Konzession der Utilitas vom 10. Januar 1923; Schanne, S. 16.
[21] Schade, S. 26.
[22] Pünter, S. 16 ff.
[23] Schürmann/Nobel, S. 144 f.
[24] Pünter, S. 14.
[25] Schade, S. 26 ff.

1.2 Gebühr für den Empfang von Rundfunksignalen

Der Empfang von Rundfunksignalen war schon vor 1924 konzessionspflichtig, wurde aber eher mit dem Empfang von Zeitzeichen in Zusammenhang gebracht. Um den Ertrag aus den Empfangsgebühren zu verbessern und damit die wirtschaftliche Situation der Veranstalter zu stärken, wiesen die PTT-Betriebe Anfang 1924 die Bevölkerung ausdrücklich darauf hin, dass nicht nur der Empfang von Zeitzeichen, sondern auch der Gebrauch eines Radioempfängers konzessionspflichtig sei, und die Missachtung dieser Bestimmung zu einer Busse führe[26]. Inhaber von nicht konzessionierten Empfangsgeräten wurden aufgefordert, diese spätestens bis zum 10. März 1924 anzumelden[27]. Die Gebühr zum Empfang von Rundfunksignalen betrug zum damaligen Zeitpunkt zehn Franken pro Jahr[28].

Die Obertelegraphendirektion hatte zuvor lange diskutiert, wie dieser Betrag zu verwenden sei[29]. Schliesslich einigte man sich darauf, dass die Radioempfangsgebühr dazu dienen sollte, die Veranstalter zu finanzieren. Zwischen 20 % und 25 % der Gebühreneinnahmen mussten jedoch zuvor abgezogen werden. Diesen Betrag erhielten die PTT-Betriebe, die für den Betrieb und die Errichtung der Sendeanlagen verantwortlich waren. Der Rest des Geldes wurde unter den Veranstaltern zur Finanzierung des Programms aufgeteilt. Die Aufschlüsselung erfolgte nach Telefonnetzgruppen[30]. Die Sender Basel und Genf erhielten lediglich die Empfangs-

---

[26] PTT-Amtsblatt, 1924, Nr. 5.
[27] PTT-Amtsblatt, 1924, Nr. 24.
[28] Art. 15 Abs. 1 Provisorische Verwaltungsvorschriften betreffend die Konzessionierung, Benützung und Kündigung von radioelektrischen Empfangsanlagen; Schanne, S. 180.
[29] Obertelegraphendirektion, Protokoll der Sitzungen vom 18./19. Dezember 1922, S. 10 f.
[30] Pünter, S. 16.

gebühren aus der eigenen Netzgruppe. Die übrige Summe wurde auf die Radiogenossenschaften Zürich, Bern und Lausanne verteilt[31].

1928 legte die Obertelegraphendirektion einen neuen Verteilschlüssel fest, um die finanziellen Schwierigkeiten der Radioveranstalter zu beseitigen. Der Anteil der PTT-Betriebe blieb unverändert. Die Sender Basel und Genf erhielten weiterhin die Einkünfte aus den eigenen Telefonnetzgruppen – Lausanne, Bern und Zürich zusätzlich diejenigen der anliegenden Netzgruppen. Die restlichen Gebühreneinnahmen verteilte die Obertelegraphendirektion auf alle fünf Gesellschaften. Die Stationen Basel und Lausanne profitierten dabei am meisten. Parallel dazu erhöhte der Bund die Empfangsgebühr auf 15 Franken pro Jahr[32].

2. Gebührenmonopol der SRG (1931-1991)

2.1 Gründung der SRG

Weder die Neuverteilung noch die Erhöhung der Radioempfangsgebühr vermochten die Probleme der untereinander zerstrittenen Radiogenossenschaften zu lösen. Die Veranstalter versuchten ihre finanziellen Schwierigkeiten durch Programmübernahmen zu beseitigen. Hinzu kam, dass die Empfangsmöglichkeiten vielerorts schlecht waren, weshalb sich die Bevölkerung nicht überall im gleichen Mass für das Radio begeistern liess. Ausserdem erschwerten restriktive Programmvorschriften der Behörden ein attraktives Programm. Im Weiteren verhinderte die Presse, die sich vom Radio in ihrer Vormachtstellung bedroht fühlte, jegliche

---

[31] Schade, S. 37.
[32] Rundschreiben der Obertelegraphenkommission vom 5. Juli 1927; Schade, S. 36 f.; Schanne, S. 80.

Versuche journalistischer Eigenständigkeit der Radiogenossenschaften[33]. Das Radio in der Schweiz steckte in einer ernsten Krise.

Immer lauter wurden die Stimmen derjenigen, die einen Zusammenschluss der verschiedenen Regionalgemeinschaften und die Abkehr vom lokalen Rundfunk hin zu einer gesamtschweizerischen Lösung forderten[34]. Vorbild war England, das mit der Umwandlung der BBC in eine öffentlich-rechtliche Anstalt den Weg für einen starken nationalen Rundfunkveranstalter geebnet hatte[35]. 1929 genehmigten die eidgenössischen Räte den von den PTT-Betrieben beantragten Kredit über 1.7 Millionen Franken zum Bau der Landessender in Sottens und Beromünster sowie der Stadtsender in Basel, Genf und Bern[36]. Damit waren die technischen Hindernisse zur Aufnahme eines gesamtschweizerischen Radiobetriebs überwunden.

Am 24. Februar 1931 wurde die SRG[37] gegründet. Sie setzte sich aus den regionalen Radiogesellschaften Lausanne, Genf, Zürich, Bern, Basel, St. Gallen und Lugano zusammen[38]. Das zuständige Post- und Eisenbahndepartement erteilte der SRG zwei Tage später eine Konzession, die sie berechtigte, in der Schweiz nationale Radioprogramme auszustrahlen[39]. Andere Veranstalter waren von diesem Moment an nicht mehr zugelassen. Die Verantwortung für Errichtung, Ausbau und Betrieb der Sendestationen wurde den PTT-Betrieben übergeben. Zum damaligen Zeitpunkt existierten rund 100'000 Radiokonzessionäre in der Schweiz[40].

---

[33] Schade, S. 33 f.
[34] Pünter, S. 20 ff.
[35] Schade, S. 25 f.
[36] Pünter, S. 22.
[37] Die Abkürzung stand damals für „Schweizerische Rundspruchgesellschaft".
[38] Schanne, S. 16.
[39] Konzession der Schweizerischen Rundspruchgesellschaft vom 26. Februar 1931.
[40] Rostan, S. 273; Schanne, S. 77.

2.2 Radioempfangsgebühr

Die Finanzierung der SRG erfolgte in erster Linie mittels der Gebühreneinnahmen. Nach Abzug der Verwaltungskosten der PTT-Betriebe wurde der Erlös folgendermassen verteilt: Die Studios Basel, Bern und Zürich erhielten die Hälfte, Genf und Lausanne einen Drittel, der Rest ging an das Studio im Tessin. Werbung zur Finanzierung des Radioprogramms blieb auch nach der Gründung der SRG verboten.

Im ersten Betriebsjahr betrug der Anteil der SRG an den Radioempfangsgebühren 900'000 Franken[41]. Unter dem Strich resultierte ein Verlust von 170'000 Franken, den die PTT-Betriebe vorschussweise deckten. Eine vom Vorstand beantragte Gebührenerhöhung um 25 % wurde vom Post- und Eisenbahndepartement abgelehnt. In den kommenden Jahren gab die Aufschlüsselung der Radioempfangsgebühren – sowohl im Verhältnis SRG und PTT-Betriebe als auch innerhalb des Radioveranstalters – immer wieder Anlass zu Diskussionen.

2.3 Fernsehempfangsgebühr

1952 erteilte der Bund der SRG die Konzession für einen befristeten Fernsehversuch. Der Programmbetrieb wurde durch staatliche Subventionen und Gelder der PTT-Betriebe, der SRG und aus der Privatwirtschaft finanziert[42]. Die Fernsehaktivitäten des einzigen Schweizer Radioveranstalters stiessen innerhalb der Bevölkerung auf harsche Kritik. 1953 wurde mit der Aufnahme des Übergangssendebetriebs – analog zum Radio – eine Fernsehempfangsgebühr erhoben[43]. Diese betrug 40 Franken

---

[41] Pünter, S. 35.
[42] Pünter, S. 119.
[43] Pünter, S. 128.

für den privaten Empfang und 120 Franken für den Empfang in Gaststätten. Ende 1953 waren 920 Gerätebesitzer gemeldet[44].

Anfang März 1957 lehnten Volk und Stände einen Radio- und Fernsehartikel in der Verfassung ab. Damit war klar, dass nach Ablauf der Versuchsphase das Fernsehen nicht weiter mit Subventionen des Bundes unterstützt werden durfte[45]. Eine neue Finanzierungslösung musste gesucht werden. In Frage kam unter anderem die Zulassung von Werbung im Programm. Die Zeitungsverleger wehrten sich jedoch gegen diese Massnahme, da sie um ihre Werbeeinnahmen fürchteten. Sie schlugen deshalb vor, dem Fernsehen jährlich zwei Millionen Franken zuzuschiessen, wenn die SRG im Gegenzug auf Fernsehwerbung verzichte. Der Bundesrat unterstützte diese Lösung und erteilte der SRG am 27. Dezember 1957 eine Konzession für den Fernsehbetrieb. Ende 1957 waren bereits 31'374 Fernsehkonzessionäre gemeldet[46]. Ein Jahr später betrug die Fernsehempfangsgebühr 84 Franken[47]. Sie wurde wie die Radioempfangsgebühr zwischen der SRG und den PTT-Betrieben im Verhältnis 70:30 aufgeteilt.

2.4 Fall des SRG-Monopols

Ab Mitte der Siebzigerjahre wurde in der Schweiz der Ausbau des Kabelnetzes vorangetrieben. Die am Kabel angeschlossenen Haushalte hatten neben den über Äther empfangbaren Programmen auch Zugang zu gewissen ausländischen Stationen. Schon bald machte sich in der Bevölkerung ein Bedürfnis nach regionalen Programmen bemerkbar[48]. Nach langem, politischem Tauziehen setzte der Bundesrat am 6. Juli 1977, ge-

---

[44] Schanne, S. 78.
[45] Pünter, S. 148.
[46] Schanne, S. 78.
[47] Schanne, S. 80.
[48] Schürmann/Nobel, S. 125.

stützt auf das TVG⁴⁹, die sog. Kabelrundfunkverordnung in Kraft⁵⁰. Diese sah unter äusserst restriktiven Voraussetzungen eine versuchsweise öffentliche Verbreitung lokaler Radio- und Fernsehprogramme über die Kabelnetze resp. Gemeinschaftsantennen vor⁵¹. Für die Verbreitung der Lokalprogramme war eine Konzession nötig⁵². Ausserdem hatten die Veranstalter einen Programmauftrag zu erfüllen⁵³. Da Werbung und Sponsoring untersagt waren, musste die Finanzierung anderweitig erfolgen⁵⁴. Ein Anteil an den Radio- und Fernsehempfangsgebühren (Gebührensplitting) war für die privaten Veranstalter nicht vorgesehen. Die Kabelrundfunkverordnung lief 1982 aus, ohne dass aussagekräftige Ergebnisse gewonnen worden wären, ob die Veranstaltung der entsprechenden Programme ein Erfolg war⁵⁵.

Ende der Siebzigerjahre begann sich die Rundfunklandschaft in Europa zu verändern. Einerseits war dies darauf zurückzuführen, dass neue Frequenzen zur Nutzung freigegeben wurden, die zusätzliche Programme ermöglichten; andererseits wuchs der Unmut der Rundfunkrezipienten über die staatlichen Monopolprogramme. Trotz neuer Frequenzen und wachsendem Druck aus der Bevölkerung weigerten sich die Schweizer Behörden jedoch standhaft, private Veranstalter zu konzessionieren. Sie wollten die Stellung der SRG und die der Presse nicht gefährden. Die Folge waren illegale Radiosender (sog. Piratensender), die – lokal eng begrenzt – versuchten, eine Alternative zum Programm der SRG zu bieten.

---

⁴⁹ Art. 46 Abs. 2 TVG.
⁵⁰ AS 1977, 1427.
⁵¹ Art. 1 ff. Kabelrundfunkverordnung.
⁵² Art. 10 Kabelrundfunkverordnung.
⁵³ Art. 6 Kabelrundfunkverordnung.
⁵⁴ Art. 8 Abs. 1 Kabelrundfunkverordnung.
⁵⁵ Schürmann/Nobel, S. 126.

Anders entwickelte sich die Radiolandschaft in Italien, wo private Veranstalter von einer liberaleren Handhabung der Konzessionspraxis profitieren konnten. Der Schweizer Medienpionier Roger Schawinski gründete deshalb 1979 den in Italien konzessionierten Sender „Radio 24", der von italienischem Gebiet aus sendete und bis nach Zürich empfangbar war[56]. Das Programm von „Radio 24" richtete sich ausschliesslich an ein Deutschschweizer Publikum und wurde durch Werbung und Spenden finanziert. Zum Unmut der Behörden erreichte „Radio 24" innert kürzester Zeit eine starke Akzeptanz. Sie bekämpften den Sender, was schliesslich zu dessen Schliessung führte. Der Druck auf die politischen Instanzen, private Veranstalter zuzulassen, war jedoch dermassen gewachsen, dass ein Umdenken in der Medienpolitik nicht mehr zu verhindern war[57].

Anfangs der Achtzigerjahre beauftragte der Bundesrat eine Expertengruppe mit der Erstellung einer Medien-Gesamtkonzeption. Diese kam zu dem Schluss, dass auf lokaler Ebene durchaus Platz für Konkurrenz zur SRG sei[58]. Der Bundesrat erliess daraufhin 1982 – wiederum gestützt auf das TVG[59] – die Verordnung über lokale Rundfunkversuche (RVO)[60], welche die Kabelrundfunkverordnung ablöste. Die RVO gestattete konzessionierten Rundfunkanbietern, in einem lokal begrenzten Gebiet ihr Programm drahtlos und über Kabel zu verbreiten[61]. Die Veranstalter waren in ihrer Konzession zur Erbringung eines Leistungsauftrags verpflichtet. Sie durften ihr Programm – neben Gönner- und Mitgliederbeiträgen sowie Geldern der öffentlichen Hand – erstmals auch durch Werbung finanzieren[62]. Einen Anteil an den Radio- und Fernsehempfangsgebühren erhielten sie nicht.

---

[56] Vgl. NZZ vom 23. August 2001, S. 39.
[57] Schawinski, S. 5 ff.
[58] Expertenkommission, S. 641 f.
[59] Art. 46 Abs. 2 TVG.
[60] AS 1982, 1149.
[61] Art. 4 f. RVO
[62] Art. 15 Abs. 2 RVO.

Am 1. November 1983 gingen die ersten Privatradios auf Sendung. Schon nach wenigen Jahren waren sie fester Bestandteil des täglichen Lebens vieler Menschen in der Schweiz und nicht mehr aus der Realität wegzudenken. Damit stand fest, dass sich die Liberalisierung der Medienlandschaft bewährt hatte und die Stellung der Lokalsender rechtlich gefestigt werden musste[63].

3. Gebührensplitting im Radio- und Fernsehgesetz von 1992

3.1 Motive für einen einheitlichen Erlass

Nachdem Volk und Stände Ende 1984 im dritten Anlauf einem Radio- und Fernsehartikel[64] zugestimmt hatten, war der Bund verpflichtet, den Bereich „Radio und Fernsehen" rechtlich zu regeln[65]. Bis zu diesem Zeitpunkt verteilten sich die Radio und Fernsehen betreffenden Rechtssätze auf die folgenden Gesetze, Verordnungen und Bundesbeschlüsse:

TVG[66],
Bundesbeschluss über die unabhängige Beschwerdeinstanz für Radio und Fernsehen[67],
Bundesbeschluss über das schweizerische Kurzwellenradio[68],
Bundesbeschluss über den Satellitenrundfunk[69],
Verordnung 1 zum Telegrafen- und Telefonverkehrsgesetz[70] und
Verordnung über lokale Rundfunkversuche[71].

---

[63] BBl 1987 III 700.
[64] aBV Artikel 55bis.
[65] BBl 1987 III 692; vgl. zur Entstehungsgeschichte der Bestimmung Ackeret, S. 9.
[66] SR 784.10.
[67] SR 784.45.
[68] SR 784.405.
[69] SR 784.402.
[70] SR 784.101.

Die starke Rechtszersplitterung legte einen einheitlichen Erlass nahe. Davon versprach sich der Bundesrat eine übersichtlichere Regelung des gesamten Bereichs „Radio und Fernsehen". Ausserdem ging er davon aus, auf diese Art Wiederholungen vermeiden zu können[72].

3.2 Grundpfeiler des Radio- und Fernsehgesetzes von 1992

1986 präsentierte das damalige EVED den ersten Entwurf eines Radio- und Fernsehgesetzes[73]. Erst sechs Jahre später – nach vielen Diskussionen auf politischer Ebene und in den betroffenen Kreisen – trat am 1. April 1992 das RTVG in Kraft[74]. Es basiert auf einem Modell, das drei Ebenen von Radio- und Fernsehprogrammen unterscheidet (sog. Ebenenmodell):

lokale und regionale,
nationale und sprachregionale sowie
internationale[75].

Das RTVG räumt der SRG auf nationaler Ebene eine starke Stellung ein, um sie vor (internationaler) Konkurrenz zu schützen[76]. Auf regionaler Ebene besteht jedoch die Möglichkeit, eine Mehrzahl von Anbietern zuzulassen[77]. Voraussetzung zur Veranstaltung von Radio- und Fernsehprogrammen ist eine vom Bund erteilte Konzession[78]. Das Gesetz zählt die zulässigen Finanzierungsmöglichkeiten der Veranstalter nicht ab-

---

[71] SR 784.401.
[72] BBl 1987 III 692.
[73] Schürmann/Nobel, S. 102.
[74] SR 784.40.
[75] BBl 1987 III 718 f.; Schürmann/Nobel, S. 104; Ackeret, S. 33 ff.; Grob, S. 63; Dumermuth, Rundfunkrecht, Rn. 173 ff.
[76] BBl 1987 III 690; Schürmann/Nobel, S. 104.
[77] BBl 1987 III 690; Schürmann/Nobel, S. 104.
[78] BBl 1987 III 719 ff.; Schürmann/Nobel, S. 107 ff.

schliessend auf, erwähnt jedoch explizit Empfangsgebühren, Werbung, Sponsoring und Finanzhilfen der öffentlichen Hand[79]. Das RTVG hält am Grundsatz fest, dass der Empfang von Radio- und Fernsehprogrammen gebührenpflichtig ist[80]. Der Grossteil der Gebühreneinnahmen fällt der SRG zu, damit diese ihren gesetzlichen Leistungsauftrag erfüllen kann[81]. Dieser besteht in einer vollständigen Versorgung der Bevölkerung mit Radio- und Fernsehprogrammen[82].

3.3 Gebührensplitting

Die Einführung des sog. Gebührensplittings[83] (Radio- und Fernsehempfangsgebühren für private Veranstalter) war heftig umstritten[84]. Für die Kritiker stellte die Rundfunkgebühr eine nationale Gebühr dar, die an den besonderen Leistungsauftrag der SRG gekoppelt war. Dessen Erfüllung setze einen Finanzausgleich zwischen den Sprachregionen voraus[85]. Die Befürworter des Gebührensplittings waren der Ansicht, dass es sich beim Gebührensplitting um die Förderung des kommunikativen Ausgleichs zwischen städtischen Agglomerationen und dünn besiedelten Rand- und Bergregionen handle. Die Gebührengelder trügen dazu bei, dass auch in letzteren Gebieten das Angebot mit zur SRG alternativen Programmen bereichert werden könne[86]. Es setzten sich schliesslich die Befürworter durch. Seither erhalten private Veranstalter erstmals wieder seit Gründung der SRG einen Anteil an den Radio- und Fernsehempfangsgebühren[87]. Mit Gebührengeldern werden ausschliesslich Veran-

---

[79] BBl 1987 III 721.
[80] Art. 55 RTVG.
[81] BBl 1987 III 721.
[82] BBl 1987 III 693.
[83] Vgl. zum Gebührensplitting hinten IV.3.2.
[84] Ackeret, S. 73.
[85] BBl 1987 III 714.
[86] BBl 1987 III 722.
[87] Schürmann/Nobel, S. 121; Ackeret, S. 71 ff.

stalter unterstützt, bei denen die folgenden Voraussetzungen kumulativ erfüllt sind:

Öffentliches Interesse an der Veranstaltung und
kein ausreichendes Finanzierungspotenzial im Versorgungsgebiet[88].

3.4 Teilrevision: Privatisierung des Inkasso

Bis Ende 1997 lag die Verantwortung für die Einziehung der Radio- und Fernsehempfangsgebühren bei den PTT-Betrieben. Die Rundfunkgebühr war Bestandteil der Telefonrechnung und wurde dort separat ausgewiesen. Mit der Privatisierung der PTT-Betriebe übertrug der Bundesrat per 1. Januar 1998 das Inkasso vorübergehend der Billag AG, einer Tochtergesellschaft der Swisscom[89]. Die Verordnung zum Inkasso legt deren Rechte und Pflichten fest.

Gleichzeitig strebte der Gesetzgeber eine Neuregelung des Inkasso an, um dieses endgültig aus der Bundesverwaltung auszulagern. Als Resultat einer Teilrevision des RTVG wurden 1990 die Artikel 48 ff. ins Gesetz eingefügt, welche die Rechte und Pflichten einer schweizerischen Inkassostelle für Radio- und Fernsehempfangsgebühren regeln. Die anschliessende öffentliche Ausschreibung[90] – fünf Bewerber nahmen daran teil – gewann die Billag AG. Seither ist ihr das Inkasso übertragen[91]. Die Inkassostelle ist verpflichtet, die offizielle Bezeichnung „Schweizerische Inkassostelle für Radio- und Fernsehempfangsgebühren" zu führen[92].

---

[88] RTVV Art 9 Abs. 3 und Abs. 4; BBl 1987 III 721.
[89] Vgl. Sonntagszeitung vom 11. Januar 1998, S. 67.
[90] Art. 48 Abs. 1 Satz 1 RTVG; vgl. Medienmitteilung des UVEK vom 26. Mai 1999.
[91] Vgl. NZZ vom 23. Dezember 1999, S. 12.
[92] Art. 48 Abs. 1 Satz 2 RTVG.

4. Ausdehnung des Gebührensplittings im E-RTVG von 2002

4.1 Aussprachepapier des Bundesrats

Im Zug der raschen technologischen und wirtschaftlichen Entwicklungen der Neunzigerjahre haben sich die Ansprüche verändert, die an das Regulierungskonzept gestellt werden[93]. Das RTVG wird diesen neuen Anforderungen nicht gerecht. Es liefert keine zufrieden stellenden Antworten darauf, wie mit der Digitalisierung, der Konvergenz (Verschmelzung von Rundfunk, Telekommunikation und Informatik), der Internationalisierung und der Veränderung der Medienlandschaft sinnvoll umzugehen ist[94]. Eine Gesamtrevision des RTVG wurde somit unumgänglich.

Anfang 2000 erteilte der Bundesrat dem UVEK den Auftrag, auf der Grundlage eines Aussprachepapiers einen Gesetzentwurf auszuarbeiten. In diesem Aussprachepapier legte der Bundesrat die Grundzüge des neuen Gesetzes fest. Er war der Ansicht, dass im Zentrum des revidierten RTVG weiterhin ein Service Public stehen sollte, der mehrheitlich mittels Radio- und Fernsehempfangsgebühren finanziert wird[95]. Ein reiner Marktrundfunk könne die Anliegen des Service Public nicht erfüllen[96]. Alternative Modelle wie z.B. die Produzentenfinanzierung oder die Finanzierung verschiedener Service Public-Veranstalter wurden im Aussprachepapier zwar erwähnt[97], letztlich aber verworfen[98]. Im Weiteren plädierte der Bundesrat dafür, dass der Begriff „Service Public" umfassend zu verstehen und auf eine Beschränkung des Leistungsauftrags – z.B. auf die Sparten Bildung, Kultur und Information – zu verzichten

---

[93] Bundesrat, Aussprachepapier, S. 3.
[94] Erläuterungen VE-RTVG, S. 6 f.; Bundesrat, Aussprachepapier, S. 3 ff.
[95] Bundesrat, Aussprachepapier, S. 18.
[96] Erläuterungen VE-RTVG S. 9 ff.; Bundesrat, Aussprachepapier, S. 12.
[97] Bundesrat, Aussprachepapier, S. 14.
[98] Weber, Rundfunkfinanzierung, S. 54; Erläuterungen VE-RTVG, S. 13 ff.; Bundesrat, Aussprachepapier, S. 14.

sei[99]. Schliesslich forderte er sogar die Abschaffung des Gebührensplittings[100]. Einzig Radioveranstalter mit Standortnachteilen sollten mit Subventionen unterstützt werden. Lokale Fernsehstationen dürften aber in keinem Fall öffentliche Mittel erhalten, da es in diesem Segment zu einer „Strukturbereinigung durch den Markt"[101] kommen müsse.

4.2 Vorentwurf

Das UVEK folgte den Vorgaben des Bundesrats und präsentierte Ende 2000 den VE-RTVG. Darin schlug das Departement ein duales System vor[102]. Auf der einen Seite hätte nur noch die SRG den verfassungsmässigen Leistungsauftrag erfüllen müssen und dafür die Radio- und Fernsehempfangsgebühren für sich alleine beanspruchen dürfen[103]. Im Gegenzug hätte sie eine zu ihren Lasten asymmetrisch gestaltete Werbeordnung hinnehmen müssen[104] und wäre von einem Beirat stärker als bisher kontrolliert worden[105]. Auf der anderen Seite sah der VE-RTVG vor, den Markt für private Veranstalter weiter zu liberalisieren und deren Rahmenbedingungen attraktiver zu gestalten. Sie hätten keine Leistungsaufträge mehr erfüllen müssen[106], der Marktzugang wäre ihnen erleichtert[107] und die Werbeordnung zu ihren Gunsten den europäischen Normen angepasst worden[108]. Diese Liberalisierung hätte zur Folge gehabt, dass sich der Anspruch auf staatliche Unterstützung auf ein Minimum re-

---

[99] Erläuterungen VE-RTVG, S. 14 f.
[100] Bundesrat, Aussprachepapier, S. 22.
[101] Bundesrat, Aussprachepapier, S. 22.
[102] Vgl. TA vom 21. Januar 2000, S. 9; zum dualen System vgl. Ackeret, S. 5 ff.
[103] Art. 17 ff. VE-RTVG.
[104] Art. 28 VE-RTVG.
[105] Art. 30 ff. VE-RTVG.
[106] Art. 3 ff. VE-RTVG.
[107] Art. 19 VE-RTVG.
[108] Art. 8 f. VE-RTVG.

duziert hätte und deshalb das Gebührensplitting abgeschafft worden wäre[109].

Abgesehen von der Abschaffung des Gebührensplittings wurden im VE-RTVG keine wesentlichen Neuerungen hinsichtlich Rundfunkgebühr vorgeschlagen. Sie sollte weiterhin pro Haushalt und nicht pro Empfangsgerät entrichtet[110], die Höhe vom Bundesrat festgesetzt[111] und die Meldepflicht durch das Bereithalten eines entsprechenden Empfangsgeräts begründet werden[112]. Die bisherige Unterscheidung zwischen privatem und gewerblichem Empfang wurde jedoch als zu rudimentär empfunden[113], da nicht einzusehen sei, warum eine kleine Mechanikerwerkstatt gleich hohe Radio- und Fernsehempfangsgebühren entrichten müsse wie ein Grand Hotel, das seinen Gästen in jedem Zimmer einen Radio- und Fernsehapparat zur Verfügung stelle. Deshalb sollte der gewerbliche Empfang stärker differenziert werden.

4.3 Vernehmlassung

Der VE-RTVG gelangte im Dezember 2000 in die Vernehmlassung. Im Verlauf des Vernehmlassungsverfahrens zeigte sich, wie brisant die Revision des RTVG war. Insgesamt gingen bis zum Ablauf der Vernehmlassungsfrist[114] 206 Stellungnahmen ein[115]. Die Schaffung eines dualen Systems wurde darin grundsätzlich begrüsst[116]. Ins Zentrum der Diskus-

---

[109] Art. 63 VE-RTVG; vgl. TA vom 21. Dezember 2000, S. 52.
[110] Erläuterungen VE-RTVG, S. 79.
[111] Artikel 64 Abs. 1 VE-RTVG.
[112] Erläuterungen VE-RTVG, S. 79.
[113] Erläuterungen VE-RTVG, S. 80 f.
[114] Am 30. April 2001.
[115] Die SRG reichte alleine elf Stellungnahmen ein. Von der Thematik angesprochen fühlten sich unter anderem auch der Verein Schweizerischer Archivarinnen und Archivare, der Verband Schweizerischer Volksmusikfreunde und der Schweizerische Feuerwehrverband.
[116] Vernehmlassungsbericht, S. 4 und S. 8; vgl. TA vom 10. Mai 2001, S. 76.

sion rückten die Werbeordnung, die Stellung und die Aktivitäten der SRG, das Gebührensplitting sowie die Behördenorganisation[117]. Alternative Formen zur Finanzierung der Rundfunkordnung kamen nicht zur Sprache. Grundsätzlich unbestritten blieb, dass die SRG weiterhin zur Erfüllung ihrer Service Public-Aufgaben Rundfunkgebühren erhalten sollte[118]. Vereinzelt wurden die Senkung des Gebührenanteils der SRG[119] um bis zu 50 % und eine engere Definition des Leistungsauftrags gefordert[120].

Die Mehrheit der Stellungnahmen lehnte die Abschaffung des Gebührensplittings ab[121]. Dafür wurden überwiegend zwei Argumente angeführt: Erstens die Erkenntnis, dass private Programmanbieter insbesondere auf lokaler resp. regionaler Ebene Service Public-Leistungen erbringen (Service Public Régional)[122] und zweitens die Angst, dass gerade kleinere Sender ohne finanzielle Zuschüsse auf Dauer nicht überlebensfähig seien[123]. Einigkeit bestand darin, dass nur lokale und regionale, nicht aber sprachregionale Veranstalter in den Genuss von Radio- und Fernsehempfangsgebühren kommen dürften[124]. Unterschiedliche Ansichten herrschten darüber, wie die Gebühren aufgeteilt werden sollten. Drei Modelle kristallisierten sich heraus:

Einschränkung des Gebührensplittings (Gebühren nur für mehrsprachige Radios und Radios in Rand- und Bergregionen),
Beibehaltung der herrschenden Regelung oder

---

[117] TA vom 5. Oktober 2001, S. 76; Vernehmlassungsbericht, S. 4.
[118] Vernehmlassungsbericht, S. 6 und S. 28.
[119] Vernehmlassungsbericht, S. 28.
[120] Vernehmlassungsbericht, S. 28.
[121] Vernehmlassungsbericht, S. 6 und S. 28.
[122] Vernehmlassungsbericht, S. 28.
[123] Vernehmlassungsbericht, S. 6; vgl. auch Lombardi, S. 74.
[124] Vernehmlassungsbericht, S. 6 und S. 28.

Ausdehnung des Gebührensplittings (Subventionierung kommerzieller Radio- und Fernsehstationen)[125].

Vereinzelte Stimmen kritisierten, dass die Gebührenhöhe auch künftig vom Bundesrat festgelegt werden sollte. Als Alternativen wurden eine unabhängige Instanz oder die Indexierung der Rundfunkgebühr an die Teuerung vorgeschlagen[126]. Ohne grossen Widerstand blieb der Vorschlag, weiterhin zwischen privatem und gewerblichem Empfang zu unterscheiden, letzteren aber künftig stärker zu differenzieren. Die SRG schlug vor, neben den Haushalten und Betrieben auch einzelne Geräte, wie z.B. Autoradios oder TV-Geräte in Hotelzimmern, belasten zu können[127].

SRG und Billag AG wiesen in ihren Stellungnahmen darauf hin, dass die Rundfunkgebühr nicht an die Meldepflicht, sondern an die Gebührenpflicht geknüpft werden sollte[128]. Sie begründeten dies damit, dass die Pflicht zur Meldung *vor* Inbetriebnahme eines Empfangsgeräts zu Schikanen geführt habe (Strafen wegen leichter Fahrlässigkeit). Wer der Gebührenpflicht nachkomme, solle straflos bleiben, auch wenn er sich zu spät anmelde. Für den Fall, dass die Rundfunkgebühr im neuen RTVG dennoch wie bisher an die Meldepflicht anknüpfe, müsse eine nachträgliche Anmeldung innerhalb einer bestimmten Frist (z.B. vier Wochen) Straflosigkeit nach sich ziehen. Weiter erachteten es die SRG und die Billag AG als notwendig, dass die Gebührenerhebungsstelle künftig einen erleichterten Datenzugriff erhält[129]. Die Billag AG müsse zurzeit Daten über Wohnsitz und Namen der Gebührenpflichtigen extern einkaufen. Die beiden Unternehmen schlugen vor, dass in Zukunft die kantonalen

---

[125] Vernehmlassungsbericht, S. 6 und S. 29.
[126] Vernehmlassungsbericht, S. 28.
[127] Vernehmlassungsbericht, S. 46.
[128] Vernehmlassungsbericht, S. 46.
[129] Vernehmlassungsbericht, S. 46.

und kommunalen Behörden diese Daten der Gebührenerhebungsstelle unentgeltlich zur Verfügung stellen sollten.

4.4 Gesetzentwurf

Ende 2000 legte der Bundesrat dem Parlament den E-RTVG vor. Dieser unterscheidet sich in einigen zentralen Punkten wesentlich vom Aussprachepapier und dem VE-RTVG, was u.a. auf eine intensive Lobbyarbeit der SRG zurückzuführen ist[130]. Sie befürchtete, durch die Schaffung eines Beirats und des im Gesetz verankerten Radiowerbeverbots in ihrer künftigen Entwicklung gefährdet zu sein[131]. Der E-RTVG sieht dementsprechend vor, dass die SRG in ihren unternehmerischen Freiheiten weitaus weniger als im VE-RTVG vorgeschlagen eingeschränkt wird[132]. Insbesondere wird der SRG die Veranstaltung von Spartenprogrammen sowie Radiowerbung nicht auf Gesetzesstufe verboten. Vielmehr soll der Bundesrat auf dem Verordnungsweg resp. in der Konzession der SRG über deren Zulässigkeit entscheiden können[133]. Lokale Fernsehprogramme darf die SRG aber nach den Vorstellungen der Regierung auch in Zukunft nicht veranstalten. Die Regionaljournale von Radio DRS sind von dieser Regelung ausgenommen.

Der E-RTVG macht nicht nur Zugeständnisse an die SRG, sondern kommt auch dem Anliegen der Presse und der Privatradios nach, das Gebührensplitting nicht nur beizubehalten, sondern auszudehnen[134]. Neu soll im Gesetz verankert sein, dass der Bundesrat bis zu 4 % der Radio- und Fernsehempfangsgebühren auf lokale private Veranstalter verteilen

---

[130] TA vom 30. November 2002, S. 9.
[131] NZZ am Sonntag vom 24. November 2002, S. 11.
[132] Botschaft E-RTVG, S. 34 ff.
[133] Zur SRG-Radiowerbung vgl. Botschaft E-RTVG, S. 59; zu den Spartenprogrammen vgl. Botschaft E-RTVG, S. 40.
[134] Botschaft E-RTVG, S. 50 ff.

kann[135]. Insbesondere Fernsehstationen würden auf diese Weise vermehrt in den Genuss von Gebührengeldern kommen. Um die Ausdehnung des Gebührensplittings umzusetzen, kehrt der E-RTVG für gewisse Veranstalter wieder zu einem Konzessionierungssystem zurück. Dafür wird die Schweiz in regionale Gebiete unterteilt. In diesen Regionen werden Konzessionen ausgeschrieben, die an die Erfüllung eines regionalen Service Public-Auftrags geknüpft sind („Service Public Régional")[136]. Rundfunkgebühren erhalten jedoch lediglich Veranstalter, die in einem Gebiet senden, in dem die Erfüllung des Leistungsauftrags aus finanzieller Sicht nur schwer möglich ist. Nach den Vorstellungen des Bundesrats handelt es sich dabei nicht nur um Radios in Rand- und Bergregionen, sondern auch um lokale TV-Stationen. Die Anzahl gebührenfinanzierter Fernsehsender soll auf maximal zwölf begrenzt sein[137]. Konzessionierte Veranstalter, die in kommerziell einträglichen Gebieten ihr Programm verbreiten, müssen zwar ebenfalls einen Service Public-Auftrag erfüllen, werden jedoch nicht mit Rundfunkgebühren unterstützt[138]. Schliesslich gibt es eine dritte Klasse von Veranstaltern. Sie müssen keine Service Public-Leistungen erbringen und sind in ihrer Programmgestaltung weitgehend frei[139], weshalb sie auch nicht von Gebührengeldern profitieren. Sie benötigen keine Konzession, sondern müssen lediglich ihren Markteintritt melden[140].

Unverändert bleiben gemäss E-RTVG die Festsetzung der Höhe der Gebühr durch den Bundesrat[141], das Anknüpfen an die Meldepflicht und das Festhalten an der Abgabe pro Haushalt und nicht pro Empfangsgerät[142].

---

[135] Art. 50 Abs. 1 E-RTVG.
[136] Botschaft E-RTVG, S. 51 f.
[137] Botschaft E-RTVG, S. 52.
[138] Art. 53 E-RTVG; Botschaft E-RTVG, S. 14.
[139] Weber, Regulierung, S. 195.
[140] Botschaft E-RTVG, S. 99.
[141] Botschaft E-RTVG, S. 158.
[142] Botschaft E-RTVG, S. 156 f.

Neu soll die Zahlungspflicht erst mit dem der Anmeldung folgenden Monat beginnen[143], was mit verwaltungsökonomischen Vorteilen begründet wird[144]. Die von der SRG und der Billag AG gestellte Forderung, dass der Gebühreneinzugsstelle von den kantonalen und kommunalen Gemeinwesen die Daten über die in ihrem Gebiet registrierten Personen unentgeltlich zur Verfügung gestellt werden sollten, wird im E-RTVG ebenfalls aufgegriffen[145]. Vorgesehen ist, dass lediglich die tatsächlichen Kosten bezahlt werden müssen, die den Gemeinwesen durch die zusätzliche Arbeit entstehen[146]. Schliesslich findet sich im E-RTVG auch der Gedanke einer stärkeren Differenzierung des gewerblichen Empfangs wieder[147]. Gemäss E-RTVG wird der Bundesrat künftig die Höhe der Rundfunkgebühr für kommerzielle Unternehmen unterschiedlich ausgestalten können. Insbesondere sollen solche Unternehmen mehr bezahlen, die aus der Bereitstellung eines Empfangsgeräts für ihre Kunden Profit ziehen[148].

Der E-RTVG stiess in der Öffentlichkeit auf keinen grossen Widerspruch[149]. Die SRG kritisierte nach wie vor den Beirat, zeigte sich aber sonst zufrieden[150]. Die Privatradios begrüssten die Ausdehnung des Gebührensplittings, waren allerdings enttäuscht, dass der Bundesrat das Verbot für SRG-Radiowerbung fallen liess[151].

---

[143] Art. 76 Abs. 3 E-RTVG.
[144] Botschaft E-RTVG, S. 156 f.
[145] Art. 77 Abs. 2 E-RTVG.
[146] Art. 77 Abs. 2 E-RTVG.
[147] Art. 78 Abs. 2 E-RTVG.
[148] Botschaft E-RTVG, S. 158.
[149] Vgl. BaZ vom 19. Dezember 2002, S. 1; Berner Zeitung vom 19. Dezember 2002, S. 1.
[150] Vgl. Medienmitteilung der SRG vom 18. Dezember 2002.
[151] Vgl. Medienmitteilung des Verbands Schweizer Privatradios vom 18. Dezember 2002.

4.5 Würdigung

Das ursprüngliche Ziel der Revision war die Einführung eines dualen Systems. Der Bundesrat vertrat in seinem Aussprachepapier die Ansicht, dass „von einer Regelung, die eine umfassende Gestaltung der Rundfunklandschaft anstrebt und alle Veranstalter zu Service Public-Leistungen verpflichtet", Abschied zu nehmen sei[152]. Rund zwei Jahre später vollzog er eine Kehrtwende und präsentiert den eidgenössischen Räten einen Gesetzentwurf, der „die Ausrichtung von Gebühren für lokal-regionale Radio- und Fernsehprogramme, die bestimmte programmliche Leistungen für die Regionen erbringen" vorsieht[153]. Die Ausweitung des Gebührensplittings ist – zumindest auf lokaler Ebene – als Paradigmenwechsel von einem vertikalen zu einem horizontalen Ordnungsmodell zu werten[154]. Nicht nur ein Veranstalter soll künftig mit der Grundversorgung beauftragt werden, sondern eine Vielzahl. Sie decken jeweils mindestens einen Teilbereich des „Service Public" ab und gewährleisten gesamthaft die Grundversorgung.

Der Bundesrat begründet diesen Systemwechsel damit, dass die privaten lokalen Radio- und Fernsehstationen einen wichtigen Beitrag zum „Service Public Régional" leisteten[155]. Dieser Auffassung ist grundsätzlich beizupflichten. Indes überzeugt der Vorschlag, dass der „Service Public Régional" beim Radio von den privaten Veranstaltern *und* der SRG erbracht werden soll, m.E. nicht. Der Bundesrat macht geltend, dass die lokalen Radioprogramme der SRG in Gebieten, in denen die Medienvielfalt eingeschränkt sei, einen erheblichen Beitrag zur Meinungs- und Medienvielfalt lieferten[156]. Diese Behauptung beruht irrigerweise auf der Gleichsetzung der Begriffe „publizistischer Wettbewerb" und „Mei-

---

[152] Bundesrat, Aussprachepapier, S. 6.
[153] Botschaft E-RTVG, S. 24.
[154] Zu den Modellen vgl. Weber, Finanzierung, S. 43 ff.; Ackeret, S. 5 ff.
[155] Botschaft E-RTVG, S. 32 f.
[156] Botschaft E-RTVG, S. 39.

nungspluralismus"[157]. Dass in gewissen Gebieten die Medienvielfalt eingeschränkt ist, bedeutet nicht zwangsläufig, dass darunter die Meinungsvielfalt leidet[158]. Zumindest konnte diese Annahme bisher nicht empirisch nachgewiesen werden. Entscheidend für einen Meinungspluralismus ist m.e. vielmehr die journalistische Unabhängigkeit der Redaktion resp. die Umsetzungen der Verfassungsvorgaben (Art. 93 Abs. 2 BV). Erst wenn eine Redaktion die Vielfalt der Ansichten nicht angemessen zum Ausdruck bringt, ist der Meinungspluralismus in Gefahr. Umgekehrt bedeutet dies, dass die Meinungsvielfalt auch bei Vorhandensein eines alleinigen Veranstalters gewahrt ist, solange dessen Redaktion sämtliche Meinungen berücksichtigt.

Dieser Umstand darf nicht darüber hinwegtäuschen, dass ein mangelnder publizistischer Wettbewerb durchaus negative Auswirkungen auf die Meinungsvielfalt und somit auch auf die Grundversorgung haben kann[159]. Dabei muss allerdings in Erwägung gezogen werden, dass einem mangelnden publizistischen Wettbewerb in aller Regel eine ungenügende Konzentrationskontrolle vorausgehen dürfte. Aufgabe des Staats ist es, Konzentrationen zu vermeiden, die den (publizistischen) Wettbewerb behindern[160]. Unter diesem Gesichtspunkt mutet es seltsam an, wenn der Bund (BAKOM, Kartellkommission) erst Medienzusammenschlüsse für unproblematisch erachtet und genehmigt, anschliessend jedoch den Einsatz öffentlicher Gelder für notwendig hält, um einen publizistischen Wettbewerb künstlich aufrecht zu erhalten. M.E. müsste der Bund in erster Linie seine Konzentrationskontrolle verbessern, bevor er Rundfunkgebühren zur Korrektur selbstverschuldeter Zustände einsetzt. Der E-RTVG sieht in diesem Punkt immerhin eine Verbesserung der Rechts-

---

[157] Zu den beiden Begriffen vgl. Weber, Medienkonzentration, S. 72 f.
[158] Vgl. Weber, Medienkonzentration, S. 72 f.
[159] Weber, Medienkonzentration, S. 85 f.
[160] Vgl. Art. 11 Abs. 1 lit. g RTVG; Dumermuth, Rundfunkrecht, Rn. 165.

lage vor[161]. Überdies darf nicht vergessen werden, dass Medienkonzentrationen – insbesondere auf lokaler Ebene, wo die Märkte sehr klein sind – durchaus auch Vorteile bringen können. Zu denken ist z.B. an eine grössere Unabhängigkeit der Unternehmen gegenüber der Werbewirtschaft[162].

Im Ergebnis kann festgehalten werden, dass es generell nicht zur Grundversorgung gehört, einen publizistischen Wettbewerb aufrechtzuerhalten. Die Grundversorgung ist gewährleistet, wenn mindestens ein Veranstalter den verfassungsmässigen Leistungsauftrag erfüllt. Der Einsatz von Rundfunkgebühren für identische Leistungsaufträge *mehrerer* Veranstalter ist überdies unter dem Gesichtspunkt der Verhältnismässigkeit äusserst bedenklich[163].

Immerhin verzichtet der Bundesrat auf eine Inpflichtnahme sämtlicher privaten Rundfunkveranstalter. Dieser Umstand darf allerdings nicht überbewertet werden[164]. In jeder Region wird es jeweils einen Radio- und TV-Veranstalter mit Service Public Régional-Auftrag geben. Zur Finanzierung dieses „Service Public Régional" ist der Bundesrat bereit, den Anteil des Gebührensplittings von ca. zehn auf etwa 40 Millionen Franken zu erhöhen. Berücksichtigt man, dass das Werbevolumen in den lokalen Märkten bei jährlich rund 140 Millionen Franken liegt[165], ist nicht von der Hand zu weisen, dass die Rundfunkgebühr künftig eine wesentliche Einnahmequelle der Lokalveranstalter sein wird. Dies ist umso bedenklicher, wenn man beachtet, dass ein erheblicher Teil der

---

[161] Vgl. Art. 82 ff. E-RTVG.
[162] Vgl. Weber, Medienkonzentration, S. 85 f.
[163] Vgl. hinten III.3.4.2c).
[164] Vgl. Weber, Regulierung, S. 195.
[165] Geschätztes Werbevolumen Lokalfernsehen: 21 Millionen Franken (Rückschluss aus dem Werbevolumen der Lokalfernsehveranstalter in der DS); Werbevolumen Radiomarkt: 130 Millionen Franken; von diesem Betrag müssen rund 10 % (ge-

Lokalveranstalter in der Hand von Zeitungsverlegern ist[166] und somit die Gefahr einer Quersubventionierung von Cross-Media-Angeboten besteht[167]. Vom dualen System ist – das wird aus dieser Perspektive deutlich – nicht viel übrig geblieben[168].

Anstelle einer scharfen und sauberen Trennung zwischen gebühren- und werbefinanzierten Rundfunkanbietern mit entsprechend unterschiedlichen Funktionen im Mediensystem sollen die elektronischen Medien in der Schweiz künftig grossflächig subventioniert und vermehrt mit Leistungsaufträgen gesteuert werden. M.E. ist dies als Rückschritt zu werten, da der freie Wettbewerb mit Mitteln behindert wird, die zur Steuerung der Rundfunkordnung nur beschränkt tauglich sind[169]. Dass sich jene privaten Rundfunkunternehmen, die am Gebührentropf hängen, in eine Abhängigkeit vom Staat begeben[170] und Gefahr laufen, eines Tages von den realen Gegebenheiten des Markts überrollt zu werden, sei nur am Rande bemerkt.

Die vergangenen Jahre haben gezeigt, dass es möglich ist, Rundfunkangebote, die einen Beitrag zur Grundversorgung leisten, in weit grösserem Umfang durch Werbung und Sponsoring zu finanzieren als dies bisher angenommen wurde. Insbesondere lokale Radio- und Fernsehveranstalter haben bewiesen, dass eine liberale Medienlandschaft nicht automatisch zu einem Marktversagen führt. Die Schliessungen von „TV3" und „Tele 24" machen hingegen deutlich, dass eine auf ein Monopol ausgerichtete Medienlandschaft, wie sie auf nationaler Ebene besteht, die Versuche alter-

---

schätzter Anteil Sponsoring SRG-Radios und Kabelradios) abgezogen werden; die Berechnungen basieren auf den Zahlen aus dem Jahr 2001 (Haas, S. 58).
[166] Vgl. BaZ vom 1. November 2003, S. 1.
[167] Zum Problem der Transparenz vgl. hinten IV.3.3.3.
[168] Zum Gebührensplitting kritisch Weber, Gebührensplitting, S. 71 f.
[169] Botschaft E-RTVG, S. 39.
[169] Zur Steuerungsmöglichkeit der Rundfunkordnung mittels Leistungsaufträgen vgl. Weber, Rundfunkfinanzierung, S. 34.

nativer Veranstalter, Fuss zu fassen, unmöglich macht. Diskussionen über neue Formen der Rundfunkfinanzierung ersticken somit im Keim. Dabei wären solche Diskussionen dringend notwendig; nicht zuletzt auch deshalb, weil sich die Bedeutung der elektronischen Medien und das Konsumverhalten der Rezipienten in den letzten Jahrzehnten grundlegend verändert haben. Der E-RTVG liefert jedoch keine visionären Antworten auf die künftigen Fragen, die sich im Zusammenhang mit einer modernen Medienpolitik stellen werden. Er ist vielmehr halbherzig und inkonsequent. Aus dem mutigen Versuch des UVEK, der Schweiz ein modernes Mediengesetz zu geben, ist ein typisch schweizerischer Kompromiss geworden, der allerhöchstens Anspruch auf den Begriff „Teilrevision" erheben darf. Eine moderne Mediengesetzgebung und ein Umdenken in der Medienpolitik wären jedoch an der Zeit. Ein Staat, der sich als wirtschaftlich liberal begreift, muss sich von der Vorstellung lösen, seinen Rundfunk a priori mit öffentlichen Geldern zu finanzieren. Die Einführung eines reinen dualen Systems wäre ein erster Schritt in die richtige Richtung gewesen.

---

[170] Vgl. Weber, Gebührensplitting, S. 73.

III. Gebührenfinanzierung als Staatsaufgabe

1. Rundfunkrecht als Bundeskompetenz

1.1 Einheitliche Verfassungsgrundlage

1984 wurde der Radio- und Fernsehartikel (Art. 55bis aBV) in die Verfassung eingefügt[171]. Nach 1957 und 1976 war dies der dritte Versuch des Bundes, die Kompetenz zur Ordnung des Programmdienstes von Radio und Fernsehen in der Verfassung zu erlangen[172]. Die beiden ersten Versuche lehnten Volk und Stände ab. 1976 scheiterte der damalige Vorschlag an der Diskussion, die um das Fernsehen entbrannt war. Das Fernsehen befand sich zu dieser Zeit in der Aufbauphase und wurde mit Radioempfangsgebühren und Bundesgeldern unterstützt, was grosse Teile der Bevölkerung kritisierten[173].

Seit der Einfügung des Radio- und Fernsehartikels in die Bundesverfassung besitzt der Bund die umfassende Kompetenz zur Regelung des Sachbereichs „Radio und Fernsehen". Strittig ist, ob sich die fernmeldetechnische Zuständigkeit des Bundes hinsichtlich Radio und Fernsehen weiter aus dem Fernmeldeartikel (Art. 92 BV) ergibt oder ob der Radio- und Fernsehartikel (Art. 93 BV) umfassend ist, d.h. sämtliche Aspekte der elektronischen Medien regelt. Der Fernmeldeartikel hätte dann lediglich eine historische oder allenfalls subsidiäre Bedeutung.

---

[171] AS 1995, 150.
[172] BBl 1981 II 914 ff.
[173] Vgl. vorne II.2.3.

Die h.L. und das Bundesgericht folgen in diesem Punkt der Trennungstheorie[174]. Diese besagt, dass es sich beim Empfang und der Verbreitung von Radio- und Fernsehprogrammen um einen fernmeldetechnischen Aspekt von Radio und Fernsehen handelt, dessen Monopol bereits in Art. 92 BV begründet wird. Deshalb richten sich die fernmeldetechnischen Aspekte von Radio und Fernsehen auch nach Inkrafttreten von Art. 93 BV nach den Bestimmungen über das Fernmeldewesen (Art. 92 BV). Die Bereiche „Programm" und „Technik" sind demzufolge voneinander zu trennen. Die Verfechter der Trennungstheorie räumen ein, dass die beiden Verfassungsbestimmungen einen engen Zusammenhang aufweisen[175]. Es sei deshalb eine wichtige Aufgabe des Gesetzgebers, „das Zusammenspiel von Programm und Technik im einzelnen zu regeln"[176]. Ein Teil der Lehre[177] vertritt hingegen die Ansicht, dass gewisse technische Aspekte derart eng mit ordnungspolitischen Entscheiden verknüpft sind, dass eine allzu strikte Trennung unter Umständen nicht gerechtfertigt wäre. In solchen Fällen soll vielmehr der Sachzusammenhang entscheidend dafür sein, ob eine Regelung eher unter das FMG oder das RTVG fällt.

Die neuere Lehre steht der Trennungstheorie eher kritisch gegenüber[178]. Die Anhänger der Trennungstheorie übersehen nämlich, dass Sinn und Zweck der Einfügung von Art. 93 BV war, eine für die elektronischen Medien einheitliche Verfassungsgrundlage zu schaffen. Damit sollte erstens die vor Inkrafttreten des Radio- und Fernsehartikels bestehende Rechtsunsicherheit hinsichtlich der Kompetenzaufteilung beseitigt werden. Zweitens sollten Radio und Fernsehen vom „Ableger" des Telegrafenwesens zu verfassungsmässig anerkannten Medien aufgewertet wer-

---

[174] BGE 121 II 185 f.; Schürmann/Nobel, S. 175; Vonlanthen, S. 323 ff.; Ackeret, S. 9; Grob, S. 53; Krummenacher, S. 88.
[175] Schürmann/Nobel, S. 84.
[176] Vonlanthen, S. 325.
[177] Vonlanthen, S. 326 mit weiteren Verweisen.

den, um deren Rolle in der Kommunikationsgesellschaft gerecht zu werden[179]. Eine Trennung von „Technik" und „Programm", die eine Aufteilung der Radio und Fernsehen betreffenden Regelungen in das FMG und das RTVG zur Folge hat, unterläuft den Sinn und Zweck der Verfassungsbestimmung.

Ausserdem unterscheidet die Verfassung mit den Artikeln 92 und 93 BV im Unterschied zur früheren Rechtslage zwischen Individual- und Massenkommunikation. Die fernmeldetechnischen Aspekte der Individualkommunikation, d.h. das elektrische, elektromagnetische und magnetische Übertragen von Nachrichten, das sich nicht an die Allgemeinheit richtet, werden von Art. 92 BV geregelt[180]. Sämtliche Bereiche der elektronischen Massenkommunikation werden hingegen abschliessend von Art. 93 BV erfasst[181]. Damit sind auch die fernmeldetechnischen Aspekte von Radio und Fernsehen gemeint, die ein notwendiges Element dieser Medien selbst sind[182].

Einem modernen Verfassungsverständnis folgend ist die Trennungstheorie somit abzulehnen. Sowohl die technischen als auch die programmlichen Aspekte von Radio und Fernsehen sind aus Art. 93 BV abzuleiten[183]. Die Rundfunkgebühr fällt somit nicht unter das Fernmelderegal, sondern in den Regelungsbereich des Radio- und Fernsehartikels.

---

[178] Vgl. Dumermuth, Rundfunkrecht, Rn. 9 ff.; Weber, Energie, Rn. 24.
[179] Vgl. Dumermuth, Rundfunkrecht, Rn. 9 ff.
[180] Vgl. Weber, Energie, Rn. 24.
[181] Reform BV, S. 99; der Bundesrat vertrat im Zusammenhang mit der Abgrenzung RTVG/FMG die Ansicht, dass die Technik Bestandteil des Rundfunks sei (BBl 1987 III 728).
[182] Botschaft BV, S. 271; Dumermuth, Rundfunkrecht, Rn. 10.
[183] Dumermuth, Rundfunkrecht, Rn. 11.

1.2 Verfassungswidrige Gebührenfinanzierung vor 1984

Der Vollständigkeit halber sei an dieser Stelle noch auf die verfassungsmässige Situation vor Inkrafttreten des Radio- und Fernsehartikels hingewiesen. Bis 1984 wurde die Bundeskompetenz über Radio und Fernsehen aus dem Fernmeldeartikel (Art. 92 BV[184]) abgeleitet[185]. Die Verknüpfung der elektronischen Medien mit dem Fernmelderecht war historisch bedingt. Der ursprüngliche Verfassungsgeber strebte eine Regelung hinsichtlich der damals aufkommenden drahtlosen Übermittlung an. Er hatte jedoch nur das Telegrafenwesen im Auge, da die Entwicklung von Radio und Fernsehen zu diesem Zeitpunkt kaum vorhersehbar war. Art. 92 BV erwähnt dementsprechend lediglich das Telegrafenwesen als Möglichkeit der drahtlosen Übertragung[186]. Die Begriffe Radio und Fernsehen kommen nicht vor.

Das Fernmelderegal wurde im Lauf der Jahre sinngemäss auf Radio und Fernsehen ausgedehnt. Der Bund vertrat die Ansicht, dass es sich bei den elektronischen Medien um dem Telegrafenwesen wesensverwandte Einrichtungen handle[187]. Dieser Argumentation ist grundsätzlich zuzustimmen. Sieht man von der erst später erfolgten Entwicklung des Kabelnetzes ab, stellen Radio und Fernsehen rein technisch gesehen tatsächlich eine Form der drahtlosen Übermittlung dar. Der Bundesrat begnügte sich jedoch nicht mit der Regulierung der technischen Seite des Rundfunks, sondern begann bereits in den frühen Zwanzigerjahren, die allgemeine Entwicklung des Radios in behördlich kontrollierte Bahnen zu lenken[188]. Dadurch wollte er eine allzu kommerzielle Radiolandschaft und ein befürchtetes Marktversagen verhindern[189]. Die Rundfunkregulierung er-

---

[184] Art. 36 aBV.
[185] BGE 105 Ib 389 ff.; 109 Ib 308 ff.; 121 II 183 ff.
[186] Dumermuth, Rundfunkrecht, Rn 9.
[187] BGE 105 Ib 393 ff.; Krummenacher, S. 89.
[188] Vgl. vorne II.1.1.
[189] Schade, S. 26.

folgte dadurch, dass der Bundesrat die Veranstalter auswählte, ihnen Programmvorschriften erteilte und sie mit staatlichen Mitteln unterstützte. Diese Ausdehnung des Telegrafenmonopols auf regulatorische resp. programmliche Aspekte von Radio und Fernsehen war heftig umstritten[190].

Rückendeckung erhielt der Bundesrat vom Bundesgericht. In mehreren Entscheiden[191] wiesen die Bundesrichter darauf hin, dass sich das Postregal auf sämtliche Übertragungsmittel erstrecke und somit *alles* beinhalte, was die Übermittlung betrifft. Diese Kompetenzausdehnung wurde von einem Teil der Lehre[192] zu Recht kritisiert. Das Fernmeldewesen umfasst nach dem natürlichen Wortverständnis und dem allgemeinen Sprachgebrauch lediglich die technischen Vorgänge des Sendens und Empfangens der im Studio aufbereiteten Rundfunksignale[193]. Dem Bund stand es demzufolge zu, den Sendern Frequenzen zu erteilen, Antennenstandorte und Senderstärken zu bestimmen sowie dafür zu sorgen, dass der Funkverkehr nicht gestört wird. Der Fernmeldeartikel übertrug dem Bund jedoch nicht die Kompetenz, Vorschriften über den Inhalt der Programme zu erlassen und die Rundfunkordnung zu steuern. Dass der Bund dies trotzdem tat, ist umso bedenklicher, wenn man berücksichtigt, dass sich die Behörden der Problematik bewusst waren.

Folgt man der hier vertretenen Ansicht, gelangt man zu dem Schluss, dass gemäss der Lehre der Kompetenzaufteilung zwischen Bund und Kantonen die Zuständigkeit zum Erlass programmlicher und regulatorischer Vorschriften für Rundfunkveranstalter im Kompetenzbereich der Kantone lag[194]. Dies bedeutet nichts anderes, als dass die Finanzierung

---

[190] Krummenacher, S. 89; Dumermuth, Rundfunkrecht, Rn. 9.
[191] BGE 97 I 731 ff.; 98 Ia 73 ff.; 104 Ib 129 ff.
[192] Aubert, Rn. 627; Vonlanthen, S. 211 ff.
[193] BVerfGE 12, 23, 226.
[194] Gleicher Meinung Vonlanthen, S. 209 ff.

und Steuerung der Rundfunkordnung mittels Radio- und Fernsehempfangsgebühren zumindest bis zum Inkrafttreten des Radio- und Fernsehartikels verfassungswidrig war[195]. Der Einzug der Gebühr muss hingegen unter dem Gesichtspunkt einer technischen Empfangsgebühr als verfassungsmässig vertretbar angesehen werden.

2. Bund als Garant der Grundversorgung

2.1 Abkehr vom klassischen Monopolverständnis

Ein Teil der Lehre interpretiert den Gesetzgebungsauftrag aus Art. 93 Abs. 1 BV dahin, dass dieser umfassend sei[196] und der Bund im Bereich „Radio und Fernsehen" ein Monopol errichten könne[197]. Dieser Auffassung ist m.E. nur bedingt zuzustimmen. Es soll nicht in Abrede gestellt werden, dass Art. 93 BV dem Bund gewisse Gestaltungsfreiheiten überträgt, wie z.B. einen Veranstalter mit der Grundversorgung zu beauftragen oder die Frequenzvergabe zu monopolisieren. Die Verfassungsbestimmung erteilt dem Bund jedoch nicht die Kompetenz, sämtliche Bereiche, die Radio und Fernsehen betreffen, zu monopolisieren resp. uneingeschränkt zu regeln[198]. Der Gesetzgebungsauftrag ist weitaus eingeschränkter als bisweilen angenommen wird[199].

Einen deutlichen Hinweis darauf liefert Art. 93 Abs. 3 BV. Die Bestimmung schreibt ausdrücklich die organisatorische und institutionelle Unabhängigkeit der Programmveranstalter von der Verwaltung vor (Pro-

---

[195] Vgl. Richli, Fernsehempfangsgebühren, S. 1497.
[196] BBl 1981 II 941; Schürmann/Nobel, 79; Grob, S. 38; Ackeret, S. 14, mit weiteren Verweisen in der Fussnote.
[197] Ausdrücklich Häfelin/Haller, Rn. 717 und 1084.
[198] Zur Gestaltungsverantwortung des Gesetzgebers vgl. auch Weber, Rundfunkfinanzierung, S. 34 ff.
[199] Vgl. Weber, Rundfunkfinanzierung, S. 34 ff.

grammautonomie)[200]. Dahinter steckt der Gedanke der Medienfreiheit (Art. 17 BV)[201], die besagt, dass die Veranstaltung von Radio- und Fernsehprogrammen in keinem Fall eine Staatstätigkeit darstellen darf[202]. Abgesehen davon schränkt die Medienfreiheit den Gesetzgeber in einem weiteren Punkt in seiner Gestaltungsfreiheit ein: Die Rundfunkgesetzgebung muss dafür sorgen, dass die Veranstalter vom Staat unabhängig bleiben[203].

Dem Staat bleibt es nicht nur verwehrt, Rundfunkprogramme zu veranstalten. Er muss überdies in erhöhtem Mass die Meinungsfreiheit berücksichtigen[204]. Der EGMR stellte Mitte der Neuzigerjahre fest, dass das österreichische Rundfunkrecht Art. 10 EMRK verletzte, weil damals neben dem öffentlich-rechtlichen Veranstalter „ORF" keine privaten Sender zugelassen waren[205]. Die Richter argumentierten, dass es Aufgabe eines demokratischen Staats sei, den Meinungspluralismus zu fördern, weshalb grundsätzlich die rechtlichen Rahmenbedingungen für ein Nebeneinander von privaten und öffentlich-rechtlichen Rundfunkveranstalter gegeben sein müssten. Ein Rundfunkmonopol sei nur dann zulässig, wenn die damit verbundene Verletzung von Art. 10 EMRK verhältnismässig sei, was das Gericht im vorliegenden Fall verneinte. Dieser Entscheid hat für den Schweizer Gesetzgeber zur Folge, dass er die Rundfunkgesetzgebung derart ausgestalten muss, dass die Meinungsäusserungsfreiheit (Art. 16 BV resp. Art. 10 EMRK) nicht untergraben wird[206]. Konkret bedeutet

---

[200] Vgl. Weber, Energie, Rn. 32.
[201] Kley, S. 191.
[202] Müller/Grob, Rn. 61; Grob, S. 28 ff.
[203] Weber, Energie, Rn. 32.
[204] Kley, S. 189 f.; Weber, Medienkonzentration, S. 35 f.
[205] Urteil des EGMR vom 24. November 1994 i.S. Informationsverein Lentia, abgedruckt in: EuGRZ 1994, S. 549.
[206] Dumermuth, Rundfunkrecht, Rn. 147 ff.

dies z.B., dass ein Rundfunkmonopol, wie es die SRG bis 1983 innehatte, heute EMRK- resp. verfassungswidrig wäre[207].

Gegen die Annahme, dass es sich beim Rundfunk um einen uneingeschränkten Gesetzgebungsauftrag und ein Staatsmonopol handelt, sprechen auch die tatsächlichen Verhältnisse. Die heutige Rundfunklandschaft ist weit von derjenigen um 1920 entfernt, als der Rundfunk noch vom Empfang von Zeitzeichen geprägt war und unter das Fernmelderegal fiel[208]. Insbesondere im Lauf der letzten zwei Jahrzehnte hat sich das Umfeld der elektronischen Medien und mit ihm die Politik des Bundes geändert. Der Markt wurde einer Vielzahl von privaten Veranstaltern geöffnet und ein Teil der wirtschaftspolitischen Verantwortlichkeit vom Staat auf Private übertragen. Dadurch nahm der Einfluss der Wirtschaftsfreiheit (Art. 27 BV) auf die elektronischen Medien zu[209]. Diese engt den Entscheidungsspielraum des Gesetzgebers in mancher Hinsicht ein[210].

Somit steht fest: Der Bund erhält zwar die Gestaltungsfreiheit, gewisse Tätigkeiten zu öffentlichen Aufgaben zu erklären resp. zu monopolisieren. Er muss jedoch zugleich die Gestaltungsverantwortung wahrnehmen, den Anforderungen der Medien-, Meinungs- und Wirtschaftsfreiheit gerecht zu werden. Dadurch wird seine Gestaltungsfreiheit erheblich eingeschränkt. Sinnvoller erscheint daher, sich bei der Interpretation von Art. 93 BV von der Vorstellung zu lösen, dass die Bestimmung an einen für den Staat monopolisierten Tätigkeitsbereich anknüpft und dem Bund eine uneingeschränkte Gesetzgebungskompetenz erteilt. Die Verfassungsbestimmung muss vielmehr im Spannungsfeld zwischen staatlicher Da-

---

[207] Müller/Grob, Rn. 19; in diese Richtung: Dumermuth, Programmaufsicht, S. 9; Grob, S. 20.
[208] Vgl. vorne II.1.1.
[209] Zum Strukturwandel in den Kommunikationsmärkten vgl. Weber, Energie, Rn. 1.

seinsvorsorge zur Sicherung des Meinungsbildungsprozesses[211] und liberaler Rundfunkpolitik als Ausfluss der Wirtschafts-, Medien- und Meinungsfreiheit betrachtet werden[212].

2.2 Begriffsabgrenzung „öffentliche Aufgabe" und „Staatsaufgabe"

In der Literatur[213] werden die Begriffe Staatsaufgabe und öffentliche Aufgabe oftmals gleichgesetzt. Diese Begriffsverwendung ist m.E. zu undifferenziert. Um eine öffentliche Aufgabe handelt es sich, wenn ein öffentliches Interesse an der Besorgung einer Angelegenheit besteht[214]. Ein öffentliches Interesse ist anzunehmen, wenn die Gemeinschaft massgeblich daran interessiert ist, dass eine Leistung für die Allgemeinheit erbracht wird[215]. Eine Staatsaufgabe liegt vor, wenn eine öffentliche Aufgabe in den öffentlich-rechtlichen Bereich übergeht[216]. Dies geschieht dadurch, dass sie dem Staat mittels Rechtsakt zur selbstständigen Erledigung oder zur Erfüllung durch Dritte in seinem Auftrag übertragen wird[217]. Eine Staatsaufgabe des Bundes ist somit gegeben, wenn ihm von der Verfassung eine öffentliche Aufgabe übertragen wird. Im Zweifelsfall kommen die gängigen Auslegungsmethoden zur Anwendung. Handelt es sich um eine Staatsaufgabe des Bundes, ist dieser ermächtigt und verpflichtet, jede notwendige Handlung zur Erfüllung dieser Aufgabe

---

[210] Vgl. hinten III.3.4.2a); Weber, Medienkonzentration, S. 30 ff; Weber, Neustrukturierung, S. 102.
[211] Vgl. hinten III.2.4.
[212] Vgl. Müller/Grob, Rn. 21; zur Diskussion im Fernmelderecht vgl. Trüeb, Fernmelderecht, S. 1186 f.
[213] Vgl. beispielsweise Schürmann/Nobel, S. 83
[214] Richli, Staatsaufgaben, Rn. 8.
[215] Hangartner, St. Galler Kommentar zu Art. 5, Rn. 27.
[216] Tschannen/Zimmerli/Kiener, S. 5; Weiss, S. 25.
[217] Zumstein, S. 153 f.

vorzunehmen, sofern diese im Rahmen des verfassungsmässig Vertretbaren verläuft[218].

Nicht jede öffentliche Aufgabe ist allerdings zwangsläufig eine Staatsaufgabe, weil nicht jede öffentliche Aufgabe vom Staat erfüllt werden muss[219]. Die Gemeinschaft kann eine öffentliche Aufgabe verrichten, ohne dabei Staatsaufgaben zu erfüllen[220]. Der Begriff öffentliche Aufgabe muss in diesem Fall *funktional* verstanden werden. Dem Staat bleibt die Wahl, die Aufgabenerfüllung der privaten Sorge der Beteiligten zu überlassen, sie zu überwachen oder generell-abstrakte Regelungen für diesen Bereich zu erlassen[221]. Keinesfalls entsteht dadurch jedoch eine Staatsaufgabe[222]. Ein möglicher Grund für die Verrichtung einer öffentlichen Aufgabe durch die Gemeinschaft ist das Subsidiaritätsprinzip, wonach primär der Bürger und nicht der Staat aufgerufen ist, sich für das Gemeinwohl einzusetzen[223]. Denkbar ist aber auch, dass der Staat eine öffentliche Aufgabe, wie z.B. die Veranstaltung von Rundfunkprogrammen, nicht erfüllen darf[224]. Die Erfüllung öffentlicher Aufgaben durch die Gemeinschaft darf nicht mit der Verrichtung einer öffentlich-rechtlichen Aufgabe durch Private verwechselt werden[225]. Letztere übernehmen eine Staatsaufgabe, welche ihnen vom Staat formell übertragen wurde.

Um Missverständnissen vorzubeugen, werden im Folgenden öffentliche Aufgaben des Staates ausschliesslich als „Staatsaufgaben" bezeichnet. Der Begriff „öffentliche Aufgabe" hingegen wird nur dann verwendet, wenn

---

[218] Vgl. Aubert, Rn. 688; Schweizer, St. Galler Kommentar zu Art. 3, Rn. 25.
[219] Peters, S. 877 f.; Weiss, S. 22 f.; Burgi, S. 42.
[220] Tschannen/Zimmerli/Kiener, S. 5; Peters, S. 877 f.
[221] Peters, S. 878 f.
[222] Kritisch Hebeisen, S. 25.
[223] Ricker/Schiwy, Rn. 111 zu B.
[224] Vgl. hinten III.2.3.
[225] Vgl. Rostan, S. 16.

ein öffentliches Interesse an der Besorgung einer Angelegenheit besteht, die dem Staat nicht übertragen ist und die somit keine öffentlich-rechtliche Verwaltungstätigkeit darstellt.

2.3 Grundversorgung als öffentliche Aufgabe des Rundfunks

Radio und Fernsehen – wie auch der Presse und dem Film – kommt eine erhebliche gesellschaftliche Bedeutung zu, da sie in der Demokratie ein entscheidender Faktor für die politische Willensbildung der Bevölkerung darstellen[226]. Für die Meinungsbildung in einer Demokratie und pluralistischen Gesellschaft ist es daher unerlässlich, dass jedes dieser Medien für sich frei, umfassend und wahrheitsgemäss informiert[227]. Die Gemeinschaft ist massgeblich daran interessiert, dass die Medien und somit auch der Rundfunk einen öffentlichen Meinungsmarkt herstellen[228] und eine Leistung für die Allgemeinheit erbringen[229]. Nimmt der Rundfunk diese Funktion wahr, erfüllt er eine öffentliche Aufgabe[230], was in der Schweiz – missverständlicherweise – auch als Erfüllung eines öffentlichen Dienstes bezeichnet wird[231].

Die öffentliche Aufgabe des Rundfunks unterscheidet sich von anderen öffentlichen Aufgaben insofern, als sie in der Verfassung ausdrücklich definiert ist. Dies ändert allerdings nichts an ihrer Natur. Die Verfassung schreibt zum Schutz der Meinungs- und Medienfreiheit vor, dass die öffentliche Aufgabe des Rundfunks nicht in den öffentlich-rechtlichen

---

[226] Exemplarisch BGE 95 II 492 ff.; vgl. Riklin, S. 6; Fechner, Rn. 26; Grob, S. 8; Krummenacher, S. 21 f.; Dumermuth, Rundfunkrecht, Rn. 3 f.; Weber, Medienkonzentration, S. 1 ff.; Weber, Finanzierung, S. 38.
[227] Zur Aufgabe des Rundfunks in Deutschland vgl. BVerGE 90, 60, 87.
[228] Ricker/Schiwy, Rn. 112 zu B; Dumermuth, Programmaufsicht, S. 17.
[229] Schürmann/Nobel S. 82; Grob, S. 36 f.; Weber, Informations- und Kommunikationsrecht, S. 9.
[230] Vgl. Botschaft BV, S. 273; Kley, S. 193; Krummenacher, S. 21 f.; kritisch Weber, Medienkonzentration, S. 1 f.

Bereich übergehen darf. Die Rundfunkveranstalter verrichten somit weder eine öffentlich-rechtliche Verwaltungstätigkeit[232] noch erfüllen sie eine Staatsaufgabe[233]. Diese Tatsache schliesst nicht aus, dass dem Bund im Hinblick auf die öffentliche Aufgabe des Rundfunks gewisse Pflichten auferlegt sind. Der Bund muss z.B. im Bereich Radio und Fernsehen Recht setzen. Dabei handelt es sich um eine Staatsaufgabe, d.h. eine Angelegenheit, die dem Bund mittels Verfassungsbestimmung (Art. 93 BV) ausdrücklich übertragen wurde. Bei der Ausgestaltung dieser Rechtsetzungskompetenz sind ihm jedoch Grenzen gesetzt. Insbesondere darf die öffentliche Aufgabe des Rundfunks nicht in den öffentlich-rechtlichen Bereich übergehen. Insofern handelt es sich nicht um eine Monopolkonzession im klassischen Sinn, wenn der Bund die Veranstaltung von Rundfunkprogrammen privaten oder gar öffentlich-rechtlichen Veranstaltern gestattet, da diese keine Verwaltungsaufgaben erfüllen[234].

Trotzdem räumt das Bundesgericht der SRG das Recht ein, als Organisation ausserhalb der Bundesverwaltung bei der Erfüllung ihres Service Public-Auftrags Verfügungen erlassen zu können[235]. Dies widerspricht m.E. dem Gedanken der Medienfreiheit resp. Art. 93 Abs. 3 BV, der die organisatorische und institutionelle Unabhängigkeit der Programmveranstalter von der Verwaltung vorsieht[236]. Wenn die SRG bei der Erfüllung ihres Service Public-Auftrags organisatorisch und institutionell von der Verwaltung unabhängig sein soll, kann sie nicht nach aussen als Teil des

---

[231] Schürmann/Nobel, S. 83; kritisch Rostan, S. 18.
[232] Grob, S. 36.
[233] BBl 1987 II 708; Grob, S. 30; Gersdorf, S. 68 f.; Hoffmann-Riem, Staatsaufgabe, S. 30 f.; der Ansicht, der Rundfunk übernehme eine öffentlich-rechtliche Aufgabe: BGE 123 II 406; Botschaft BV, S. 158; Kley, S. 193; Rostan, S. 18.
[234] Gygi/Richli, S. 72; Weber, Rundfunkfinanzierung S. 34.
[235] BGE 119 Ib 241.
[236] Vgl. vorne III.2.1.

Staates auftreten und Verfügungen erlassen[237]. Ausserdem wird das Aufsichtssystem des RTVG[238] umgangen, wenn erstinstanzlich das UVEK, d.h. die Bundesverwaltung, über Beschwerden hinsichtlich der Verletzungen von Programmbestimmungen entscheidet, wie z.B. der Forderung eines Politikers nach dem Recht auf Antenne[239]. Daran ändert auch der Hinweis des Bundesgerichts nichts, dass die UBI lediglich für ausgestrahlte Radio- und Fernsehsendungen zuständig ist[240]. Die Praxis des Bundesgerichts hätte überdies zur Folge, dass künftig – vorausgesetzt die entsprechenden Bestimmungen des E-RTVG werden angenommen[241] – neben der SRG auch sämtliche privaten Veranstalter mit Service Public Régional-Auftrag Verfügungen erlassen könnten.

Immerhin bemerkt das Bundesgericht in einem späteren Entscheid treffend, dass das Ausstrahlen einer Sendung keine Verfügung darstellt[242]. Darauf aufbauend sollte das höchste Gericht anerkennen, dass es sich ebenfalls um keinen von der SRG vorgenommen Hoheitsakt handelt, wenn einer Person das Recht auf Antenne verweigert wird. In diesem Fall sollte – wie im E-RTVG vorgesehen[243] – erstinstanzlich nicht die Exekutive, sondern eine unabhängige Institution über eine allfällige Verletzung von Programmvorschriften entscheiden.

Die Aufgabe, einen öffentlichen Meinungsmarkt herzustellen, haben nicht nur Radio und Fernsehen, sondern auch die übrigen Medien. Während bei den Printmedien jedoch eine weitgehende Freiheit von staatlichen Vorschriften herrscht, wie diese ihre öffentliche Aufgabe erfüllen

---

[237] Zur Kritik an der Gerichtspraxis vgl. Dumermuth, Rundfunkrecht, Rn. 124 ff.; Schürmann/Nobel, S. 153.
[238] Art. 58 ff. RTVG.
[239] Vgl. Dumermuth, Rundfunkrecht, Rn. 125.
[240] BGE 123 II 408.
[241] Vgl. vorne II.4.4.
[242] BGE 123 II 402.
[243] Botschaft E-RTVG, S. 172.

müssen, ist die Radio- und Fernsehfreiheit eingeschränkt[244]. Dahinter verbirgt sich die Auffassung, dass der Rundfunk wegen seiner Breitenwirkung, Aktualität und Suggestivkraft auf den Meinungsbildungsprozess ungleich grösseren Einfluss nehmen kann als Druckerzeugnisse[245]. Ferner wird die Sondersituation des Rundfunks mit der Frequenzknappheit[246] und dem hohen finanziellen Aufwand für die Veranstaltung von Rundfunkprogrammen begründet[247]. Mit der zunehmenden Digitalisierung dürfte zumindest der Frequenzmangel kein Thema mehr sein.

2.4 Definition der Grundversorgung

Die öffentliche Aufgabe des Rundfunks kann dahingehend umschrieben werden, dass er eine Grundversorgung zu gewährleisten resp. einen Leistungsauftrag zu erfüllen hat, in dessen Zentrum die Meinungsfreiheit als Notwendigkeit einer pluralistischen Gesellschaft zur Sicherung der Demokratie steht[248]. Darüber, was im Einzelnen alles zur Grundversorgung gehört, gibt es freilich unterschiedliche Ansichten. In Deutschland umfasst die öffentliche Aufgabe des Rundfunks z.B.:

Programme für die Gesamtheit der Bevölkerung;
mediale Versorgung in der vollen Breite des klassischen Rundfunkauftrags (Information, Unterhaltung und Kultur) und
Sicherung der Meinungsvielfalt[249].

Die Schweizer Verfassung folgt im Grundsatz dieser Definition und formuliert eine umfassende und abstrakte Umschreibung der Grundversor-

---

[244] Häfelin/Haller, Rn. 475 f.
[245] Vgl. BVerfGE 90, 60 (87).
[246] Schürmann/Nobel, S. 81.
[247] Grob, S. 12 ff.; Kloepfer, Rn. 2 zu § 14.
[248] Vgl. Weber, Energie, Rn. 29; Dumermuth, Rundfunkrecht, Rn. 3; Ackeret, S. 4; Schürmann/Nobel, S. 82.
[249] Fechner, Rn. 609.

gung. Die Eigenheiten der Schweiz werden dabei besonders berücksichtigt, indem die sprachregionale Versorgung, die Meinungsbildung und die unterschiedlichen Kulturen im Vordergrund stehen[250]. Daneben wird auch die Unterhaltungsfunktion der Medien betont[251]. Der Leistungsauftrag wird vom Gesetzgeber im RTVG[252] und vom Bundesrat in der Konzession der SRG[253] konkretisiert[254].

M.E. sollte sich der Grundversorgungsauftrag darauf beschränken, den Meinungsbildungsprozess der Bevölkerung zu gewährleisten. Ein umfassender Unterhaltungsauftrag ist dafür nicht notwendig, da Unterhaltung in der Regel kein notwendiges Element zur Meinungsbildung darstellt. Lediglich dann, wenn unterhaltende Sendungen – wie bei Kabarett oder Satire vorstellbar – unverzichtbar zur Meinungsbildung beitragen[255], erscheint Unterhaltung als ein Bestandteil der Grundversorgung. Andere Formen der Unterhaltung – zu denken ist insbesondere an Quiz-Shows, Sportsendungen und kommerziell ausgerichtete Spielfilme – sollten hingegen nicht zur Grundversorgung zählen, da sonst die Radio- und Fernsehfreiheit mehr eingeschränkt wird, als zur Gewährleistung des Meinungsbildungsprozesses notwendig ist. Eine staatlich garantierte Unterhaltung wäre zumindest in anderen Bereichen undenkbar: Niemand käme z.B. auf die Idee, die Verfassung habe zu garantieren, dass sich in jedem grösseren Dorf ein Kino befinden müsse, das unterhaltende Filme zeigt. Der Begriff „Unterhaltung" sollte deshalb im Zusammenhang mit der Grundversorgung restriktiv ausgelegt werden.

---

[250] Art. 93 Abs. 2 BV; vgl. Weber, Rundfunkfinanzierung, S. 38 f.; Rostan, S. 56.
[251] Vgl. Dumermuth, Rundfunkrecht, Rn. 59.
[252] Art. 3 ff. RTVG.
[253] Art. 13 Konzession der SRG; vgl. Egloff/Rostan, S. 33 und Rostan, S. 62 ff.
[254] Dumermuth, Rundfunkrecht, Rn. 52 ff.
[255] Botschaft E-RTVG, S. 35.

2.5 Garantie der Grundversorgung als Staatsaufgabe

Art. 93 Abs. 1 BV erklärt den Bund zum Gesetzgeber hinsichtlich Radio und Fernsehen. Aufschluss darüber, welche Aufgaben der Bund im Zusammenhang mit der Grundversorgung zu erfüllen hat, liefert Art. 93 Abs. 2 BV. Diese Bestimmung richtet sich in erster Linie an den Bund und nicht an die Rundfunkveranstalter[256]. Das wird deutlich, wenn man Art. 93 Abs. 2 BV im Zusammenhang mit den Absätzen 1 und 3 desselben Artikels betrachtet. Art. 93 Abs. 3 BV garantiert die Programmautonomie von Radio und Fernsehen[257]. Dies bedeutet unter anderem, dass der einzelne Anbieter bei der Veranstaltung von Programmen unmittelbar vor staatlichen Eingriffen geschützt ist. Die Rundfunkveranstalter können daraus ein unmittelbares Abwehrrecht gegen den Staat ableiten.

Art. 93 Abs. 2 und Abs. 3 BV hängen insofern zusammen, als Abs. 2 die Grenzen der in Abs. 3 garantierten Programmautonomie aufzeigt. Die Programmautonomie ist somit dem Leistungsauftrag quasi untergeordnet[258]. Ist es zur Erfüllung der Grundversorgung notwendig, kann der Staat dem einzelnen Veranstalter Programmvorschriften auferlegen. Wenn z.B. ein regionaler Fernsehveranstalter in seiner Konzession verpflichtet wird, über das regionale Geschehen zu berichten, kann er nicht die Verletzung seiner Programmautonomie geltend machen. Freilich dürfen solche Programmvorschriften den Inhalt der Sendungen nicht in einer Art und Weise steuern, welche das veranstaltete Programm als staatlich kontrolliert resp. Staatsrundfunk erscheinen lässt. Die staatliche Einflussnahme beschränkt sich auf das Erteilen allgemeiner Programmaufträge, die zur Grundversorgung, wie in Art. 93 Abs. 2 BV umschrieben, beitragen.

---

[256] Detaillierter Dumermuth, Rundfunkrecht, Rn. 50 ff; Schürmann/Nobel, S. 82.
[257] Weber, Energie, Rn. 32.
[258] Grob, S. 110.

Dies bedeutet nichts anderes, als dass sich die Bestimmung Art. 93 Abs. 2 BV lediglich indirekt an Programmveranstalter richtet, deren Programmautonomie von Programmvorschriften beeinträchtigt ist. Wenn jene Rundfunkveranstalter jedoch vom Bund zur Erfüllung von Programmaufträgen verpflichtet werden können, muss der Bund die verfassungsmässige Kompetenz besitzen, solche Programmvorschriften zu erteilen. Dies ist der Fall, wenn man Art. 93 Abs. 2 BV dahingehend interpretiert, dass sich die Verfassungsbestimmung in erster Linie an den Bund richtet[259].

Der Bund erhält durch Art. 93 Abs. 2 BV die Kompetenz, im Rahmen seiner Gesetzgebungsverantwortung die Voraussetzungen zu schaffen und die nötigen Programmvorschriften zu erlassen, damit die Gesamtveranstaltung „Rundfunk" den verfassungsmässigen Leistungsauftrag erfüllt[260]. Den Bund trifft die Gewährleistungspflicht, dass die Grundversorgung von den Radio- und Fernsehveranstaltern erbracht wird und die Gesamtveranstaltung „Rundfunk" ihre Funktion zur Schaffung eines öffentlichen Meinungsmarkts wahrnimmt[261]. Diese Gewährleistungspflicht ist als Staatsaufgabe anzusehen[262]. Im Ergebnis wird deutlich, dass man den Bund als Garanten der Grundversorgung bezeichnen kann[263].

---

[259] Grob, S. 124.
[260] BBl 1981, II, 2, S. 949; Weber, Energie, Rn. 30 f.; Schürmann/Nobel, S. 82 f.
[261] Schürmann/Nobel, S. 81 ff.; Weber, Rundfunkfinanzierung, S. 33; Dumermuth, Rundfunkrecht, Rn. 51.
[262] In diese Richtung BBl 1981 II 949.
[263] Zur Diskussion im Fernmelderecht vgl. Trüeb, Fernmelderecht, S. 1187 f.

3. Rechtfertigung und Ausmass einer staatlichen Finanzierungspflicht

3.1 Gestaltungsverantwortung bei Marktversagen

Es stellt sich die Frage, ob die dem Bund übertragenen Aufgaben auch die Finanzierung der Grundversorgung beinhalten. Grundsätzlich überlässt es die Verfassung dem Gesetzgeber, im Rahmen seiner Gestaltungsfreiheit selbstständig zu entscheiden, wie er seine Funktion als Garant der Grundversorgung wahrnehmen will[264]. Ihm bleibt im Wesentlichen die Wahl zwischen einem Konzept staatlicher Daseinsvorsorge (Leistungsbzw. Erfüllungsfunktion) oder der Liberalisierung durch weitestgehenden Rückzug im Vertrauen auf die Steuerungskraft des Markts und der Gesellschaft[265]. Eine Liberalisierung würde bedeuten, dass der Bund den Rundfunk analog zur Presse vollständig der freien Marktwirtschaft überlässt und allenfalls Auffangmechanismen für den Fall privater Schlechterfüllung schafft. Geht man von einem Konzept staatlicher Daseinsvorsorge aus, ist primär an das Erteilen von Leistungsaufträgen und die Finanzierung der Rundfunkordnung mit staatlichen Mitteln wie Rundfunkgebühren zu denken.

In diesem Zusammenhang muss sich der Gesetzgeber entscheiden, wie viel Abhängigkeit von der Publikumsakzeptanz er für den Rundfunk als angebracht erachtet[266]. Diese Frage stellt sich insbesondere für den Fall, dass sich der Gesetzgeber für ein Konzept staatlicher Daseinsvorsorge entscheidet. Denkbar sind grundsätzlich drei Möglichkeiten:

> Vollständige Lösung der mit der Grundversorgung beauftragten Leistungserbringer von der Publikumsakzeptanz durch eine staat-

---

[264] BBl 1981 II 926; BBl 1987 III 692; Erläuterungen VE-RTVG, S. 8.
[265] Zu den beiden Prinzipien vgl. Kloepfer, S. 65; zur Diskussion im Fernmelderecht vgl. Trüeb, Fernmelderecht, S. 1190.

lich garantierte Finanzierung, wobei in erster Linie eine Rundfunkgebührenfinanzierung in Betracht kommt[267]; Finanzierungsarten, die von der Publikumsgunst abhängen (z.B. Werbung, Sponsoring oder Pay-TV) und Mischfinanzierung.

Die Gestaltungsfreiheit des Bundes, sich für ein beliebiges Finanzierungssystem zu entscheiden, existiert nur solange, wie die Rundfunkveranstalter finanziell in der Lage sind, die Grundversorgung zu gewährleisten. Für den Fall eines Marktversagens bleibt dem Bund hingegen keine andere Wahl, als die Finanzierung der Grundversorgung zur Staatsaufgabe zu erklären und die Rundfunkveranstalter mit staatlichen Mitteln zu unterstützen[268]. Nur auf diese Weise kann er seiner Funktion als Garant der Grundversorgung gerecht werden.

Rein rechtlich gesehen liegen jedoch keine Möglichkeiten vor, den Bund zur Wahrnehmung seiner legislatorischen Aufgaben zu zwingen[269]. Dies hat zur Folge, dass ihm auch bei Marktversagen die Finanzierung der Grundversorgung nicht auferlegt werden kann, solange er diese nicht ausdrücklich – z.B. per Gesetz – zur Staatsaufgabe erklärt. Art. 93 Abs. 1 und Abs. 2 BV übertragen dem Bund somit lediglich die Gestaltungsverantwortung, bei Marktversagen die Finanzierung der Grundversorgung zur Staatsaufgabe zu erklären.

Eine staatliche Finanzierung der Grundversorgung führt zwangsläufig zu Einschränkungen der Wirtschaftsfreiheit[270]. Grundsätzlich unterstehen Bereiche, die zur Staatsaufgabe erklärt wurden, nicht den Grundsätzen

---

[266] Degenhart, S. 614.
[267] Degenhart, S. 614 f.
[268] Zur Pflicht des Staates, Marktversagen zu korrigieren vgl. Trüeb, Service Public, S. 233 f.
[269] Aubert, Rn. 688.

der Wirtschaftsfreiheit[271]. Dies bedeutet jedoch nicht, dass jeder Bereich, der zur Staatsaufgabe erklärt wurde, automatisch einen staatlichen Ausschliesslichkeitsanspruch mit sich zieht[272]. So wie private Schulen oder private Spitäler in den Bereich der Wirtschaftsfreiheit fallen, können sich auch private Rundfunkveranstalter auf das entsprechende Verfassungsrecht berufen. Sie sind bei der wirtschaftlichen Entfaltung ihrer Unternehmen grundsätzlich frei von staatlichen Eingriffen, doch müssen sie sich in jenen Bereichen staatliche Interventionen gefallen lassen, die der Bund aufgrund eines öffentlichen Interesses ausdrücklich zur Staatsaufgabe erklärt, wie z.B. die Finanzierung der Grundversorgung. Jeder Grundrechtseingriff muss allerdings verhältnismässig sein, d.h. das mildeste Mittel zur Erreichung des gegebenen Zwecks darstellen[273].

Das Subventionsgesetz[274] erachtet deshalb Finanzhilfen nur dann als zulässig, wenn sie erforderlich sind und eine Aufgabe nicht auf andere Weise einfacher, wirksamer oder rationeller erfüllt werden kann[275]. Analoges muss für die Rundfunkfinanzierung gelten, deren subventionsrechtlicher Charakter nicht von der Hand zu weisen ist[276]. Konkret bedeutet dies, dass die Finanzierung der Grundversorgung nur unter zwei Bedingungen verhältnismässig ist. Erstens darf keine andere, weniger intensive Möglichkeit vorhanden sein, welche die Grundversorgung gewährleisten würde, und zweitens müssen die an die Veranstalter ausgeschütteten Finanzmittel so gering als möglich gehalten werden.

---

[270] Vgl. hinten III.3.4.2a).
[271] BGE 103 Ia 410.
[272] Gygi/Richli, S. 70.
[273] Vgl. Trüeb, Service Public, S. 238.
[274] SR 616.1.
[275] Art. 6 lit. c – e SuG.
[276] Weber, Neustrukturierung, S. 75; vgl. hinten III.4.2.1.

3.2 Keine Finanzierungspflicht aus Art. 93 Abs. 3 BV

Art. 93 Abs. 3 BV garantiert die Unabhängigkeit von Radio und Fernsehen (Programmautonomie). Strittig ist, ob dieser Schutz lediglich für Interventionen des Staates oder auch für einseitige Einflussnahmen privater Interessengruppen gilt[277]. Letzteres hätte eine aktive Pflicht für den Staat zur Folge, solche Angriffe auf die Programmautonomie eines Veranstalters zu verhindern. Denkbar wäre z.b., dass der Staat gestützt auf Art. 93 Abs. 3 BV ein Programm finanzieren müsste, um die Programmmacher vom manipulativen Einfluss eines Geldgebers zu befreien.

M.E. ist es falsch, Art. 93 Abs. 3 BV extensiv auszulegen[278]. Die Bestimmung garantiert den Programmanbietern die Autonomie vor *staatlichen* Eingriffen. Folgt man einem negatorischen Grundrechtsverständnis[279], ist eine Drittwirkung auf Private auszuschliessen[280]. Überdies ist fraglich, ob eine extensive Auslegung in der Praxis überhaupt die erwünschte Wirkung erzielen würde[281]. Aus Art. 93 Abs. 3 BV lässt sich somit keine staatliche Finanzierungspflicht ableiten, welche die Rundfunkveranstalter vor der Einflussnahme ausserstaatlicher Gruppen resp. Geldgeber auf ihre Programmautonomie schützt.

3.3 Finanzierung der Grundversorgung als Staatsaufgabe?

Es obliegt dem Gesetzgeber im Rahmen seiner Gestaltungskompetenz, zu entscheiden, ob er ein Konzept staatlicher Daseinsvorsorge oder eine Liberalisierung des Rundfunkmarkts verwirklichen will[282]. Das RTVG ist im Sinn des Systems staatlicher Daseinsvorsorge aufgebaut, weil der Ge-

---

[277] Vgl. Weber, Energie, Rn. 32.
[278] A.A. Müller, S. 265; Müller/Grob, Rn. 63.
[279] Zum „negatorischen Grundrechtsverständnis" vgl. Häfelin/Haller, Rn. 257 ff.
[280] Gleicher Meinung Weber, Rundfunkfinanzierung, S. 35; a.A. Müller, S. 272 f.
[281] Weber, Medienrelevanz, S. 23.
[282] Vgl. vorne III.3.1.

setzgeber die Meinung vertrat, dass ein reiner Marktrundfunk die Grundversorgung nicht gewährleisten könne[283]. Das RTVG beauftragt deshalb einen Veranstalter, die SRG, die Grundversorgung zu garantieren[284]. Die SRG übernimmt als Veranstalterin von Radio- und Fernsehprogrammen jedoch keine Staatsaufgabe[285], weshalb sich ihr Leistungsauftrag von solchen, die in anderen Bereichen des öffentlichen Rechts an Konzessionäre verliehen werden, deutlich unterscheiden muss[286]. Der Gesetzgeber befürchtete allerdings, die SRG sei aus eigenen Mitteln nicht in der Lage, ihren Leistungsauftrag zu erfüllen[287]. Aufgrund seiner Gestaltungsverantwortung blieb ihm deshalb keine andere Wahl, als die Finanzierung der Grundversorgung zur Staatsaufgabe zu erklären. Im RTVG findet sich dafür kein ausdrücklicher Hinweis. Die Finanzierungspflicht des Bundes ergibt sich vielmehr indirekt aus den Bestimmungen Art. 55 (Gebührenpflicht), Art. 17 (Finanzierung der SRG durch Gebührengelder) und Art. 26 ff. (Leistungsauftrag der SRG) RTVG.

An dieser Regelung hält der Bundesrat im E-RTVG grundsätzlich fest. Er schlägt allerdings vor, dass neben der SRG zusätzlich bestimmte private Veranstalter einen Leistungsauftrag zu erfüllen („Service Public Régional") und somit zur Grundversorgung beizutragen haben[288]. Im Gegenzug sollen sie einen Rundfunkgebührenanteil erhalten. Eine Ausnahme sieht der Bundesrat für wirtschaftlich ergiebige Regionen vor. Die Finanzierung privater Veranstalter soll dort nicht zur Staatsaufgabe erklärt werden[289]. Dabei folgt er dem Gedanken der Subsidiarität[290] – das

---

[283] Der Bundesrat hält an dieser Meinung fest (vgl. Bundesrat, Aussprachepapier, S. 9 ff.).
[284] Art. 26 ff. RTVG.
[285] Vgl. vorne III.2.3.
[286] Gygi/Richli, S. 72.
[287] BBl 1987 III 721 f.
[288] Vgl. vorne II.4.4.
[289] E-RTVG Artikel 53; Botschaft E-RTVG, S. 14.
[290] Zum Subsidiaritätsprinzip vgl. Rhinow/Schmid/Biaggini, Rn. 59 zu § 18.

Gemeinwesen darf erst dann eingreifen, wenn der Markt keine zufrieden stellenden Ergebnisse liefert.

3.4 Umfang der Gebührenfinanzierung

3.4.1 Grundversorgung

Den Umfang der staatlichen Finanzierung bestimmt der Bund im Rahmen seiner Gestaltungsfreiheit grundsätzlich selbst. Aus verfassungsmässiger Sicht ist er dabei allerdings dahingehend eingeschränkt, dass die Finanzierung der Grundversorgung in dem Umfang geboten ist, als die Rundfunkanbieter ohne staatliche Finanzmittel nicht in der Lage sind, den von ihnen geforderten Leistungsauftrag zu erfüllen[291]. Im schlimmsten Fall müsste der Bund bei einem Marktversagen die Finanzierung der gesamten Grundversorgung zur Staatsaufgabe erklären.

Die Grundversorgung und deren Finanzierung können weitere Kosten als diejenigen der Programmveranstaltung nach sich ziehen. Zu denken ist insbesondere an die technischen Distributionskosten. Nicht zu vergessen sind die Kosten des Gebühreneinzugs und jene, die durch die Verfolgung der Schwarzhörer und -seher anfallen. Fraglich ist, ob die Publikumsforschung einen Bestandteil der Grundversorgung darstellt. Immerhin gibt sie Aufschluss darüber, in welchem Mass die Programme der Grundversorgung konsumiert werden. Bei der Leistungskontrolle der Service Public-Veranstalter könnte dies von Nutzen sein. Ausserdem geben die Daten der Publikumsforschung den Veranstaltern die Möglichkeit, bei der Erfüllung ihrer Leistungsaufträge die Publikumsakzeptanz ihrer Programme zu überwachen[292]. Werden die Daten hingegen für kommerzielle Zwecke eingesetzt, besteht m.E. keine Notwendigkeit einer Gebührenfinanzierung. Zumindest sollte in jedem Fall eine unabhängige Insti-

---

[291] Vgl. vorne III.3.1.

tution und nicht, wie in der Schweiz, ein Marktteilnehmer[293] die Publikumsforschung kontrollieren[294].

3.4.2 Grenzen staatlicher Rundfunkfinanzierung

a) Programme und Aktivitäten ausserhalb der Grundversorgung

Die Verfassung erteilt dem Bund die Aufgabe, die Grundversorgung zu garantieren. Unklar ist, ob der Gesetzgebungsauftrag aus Art. 93 Abs. 1 BV ausreicht, auch die Finanzierung von Rundfunkprogrammen und Aktivitäten ausserhalb der Grundversorgung zur Staatsaufgabe zu erklären. Folgt man der Monopoltheorie[295], ist dies zweifelsohne der Fall, da Art. 93 Abs. 1 BV dem Bund die Kompetenz erteilt, jegliche Bereiche im Zusammenhang mit Radio und Fernsehen zu monopolisieren.

M.E. sollte eine Finanzierung von Programmen und Aktivitäten ausserhalb der Grundversorgung nicht zur Staatsaufgabe erklärt werden dürfen. Der Veranstalter, der staatliche Mittel erhält, geniesst einen Finanzierungsvorteil gegenüber den anderen Marktteilnehmern[296] und kann – zumindest was die SRG anbelangt – von einem hohen Renommee und Know-how profitieren[297]. Die staatliche Intervention verzerrt somit den Wettbewerb und benachteiligt die Konkurrenz[297], was im Widerspruch zur Wirtschaftsfreiheit steht. Für den Fall der Finanzierung von Programmen und Aktivitäten, die zur Grundversorgung beitragen, wird die-

---

[292] Vgl. auch Langenbucher, S. 337.
[293] Bei der Firma Publica Data, die mit der Hörer- und Zuschauerforschung beauftragt ist, handelt es sich um eine Tochterfirma der SRG.
[294] Zu den Bemühungen des Bundesrats, die Glaubwürdigkeit der Hörerforschung in der Schweiz zu verbessern vgl. Botschaft E-RTVG, S. 43.
[295] Vgl. vorne III.1.1.
[296] Weber, Gebührensplitting, S. 72.
[297] Vgl. Botschaft E-RTVG, S. 34.

ser Eingriff in die Wirtschaftsfreiheit mit der Meinungsvielfalt resp. der Gewährleistung des Meinungsbildungsprozesses zum Schutz der Demokratie begründet[299]. Unter diesem Gesichtspunkt erscheint eine Grundrechtsbeschränkung gerechtfertigt, da die Erhaltung der demokratischen Grundwerte zu den elementarsten Interessen eines Rechtsstaats gehört.

Anders verhält es sich bei der Finanzierung von Programmen und Aktivitäten ausserhalb der Grundversorgung. Sie leisten keinen unerlässlichen Beitrag zum Meinungsbildungsprozess[300], weshalb ihre Finanzierung nicht das mildeste Mittel darstellt, die Meinungsvielfalt zu sichern[301]. Der Eingriff in die Wirtschaftsfreiheit ist daher in diesem Fall unverhältnismässig[302]. Dies hat zur Folge, dass sich der Vorteil, den der staatlich finanzierte Veranstalter erhält, unter wettbewerblichen Gesichtspunkten als inakzeptabel erweist[303].

Schwierig zu entscheiden ist die Frage, ob im Einzelfall bestimmte Programme oder Programminhalte noch zur Grundversorgung gehören oder nicht. In der Konzession wird der SRG in diesem Zusammenhang vorgeschrieben, dass es unerheblich ist, ob einzelne Programmelemente für sich betrachtet einen Beitrag zur Grundversorgung liefern, solange das Gesamtprodukt den Anforderungen des Leistungsauftrags gerecht

---

[298] Weber-Dürler, S. 7 f., teilt die Ansicht, dass staatliche Finanzhilfen Nichtbegünstigte bei der Ausübung ihres Gewerbes behindern oder gar in ihrer Existenz bedrohen können.
[299] Vgl. vorne III.2.3.
[300] Vgl. die Diskussion zur restriktiven Interpretation des Unterhaltungsauftrags vorne III.2.4.
[301] Zur Verhältnismässigkeit von Grundrechtseingriffen unter dem Gesichtspunkt des Service Public vgl. Trüeb, Service Public, S. 238.
[302] Zu den Ausführungen der EU-Kommission zum Verhältnismässigkeitsprinzip vgl. Mitteilung der Kommission über die Anwendung der Vorschriften über staatliche Beihilfen auf den öffentlichen Rundfunk, ABl 2001 C 320/11 vom 15. November 2001; Dargel, S. 153.
[303] Vgl. Weber, Rundfunkfinanzierung, S. 184; Botschaft E-RTVG, S. 34.

wird[304]. Dieser Argumentation ist zuzustimmen, insofern es sich bei den zur Diskussion stehenden Programmelementen um Einzelfälle handelt. Sobald der Anbieter jedoch mehrheitlich staatlich finanzierte Programme veranstaltet, die keinen Bezug mehr zur Grundversorgung haben, und die Grundversorgung auch ohne jene Programme gewährleistet wäre, ist eine Gebührenfinanzierung m.E. abzulehnen. Die Programme der staatlich finanzierten Rundfunkanbieter sollten deshalb regelmässig daraufhin überprüft werden, ob sie mit der Grundversorgung im Zusammenhang stehen oder ob es sich dabei um Programme handelt, die aus Selbstbehauptungs- und Ausweitungsinteresse veranstaltet werden[305].

Unbestritten ist in der Schweiz, dass Lokalprogramme zur Grundversorgung gehören. Dies wird damit begründet, dass in einem föderalistisch organisierten Staat neben der sprachregionalen Grundversorgung auch auf lokaler und regionaler Ebene Radio- und Fernsehangebote zur Verfügung stehen müssen, die das Leben dieser Gebiete widerspiegeln und dort zur Willensbildung und kulturellen Entfaltung beitragen[306]. Dementsprechend muss der Bund als Garant der Grundversorgung gegebenenfalls auch lokale und regionale Programme finanziell unterstützen.

Anders verläuft die Diskussion in Deutschland, wo lokale Programme z.T. nicht zur Grundversorgung gerechnet werden und dementsprechend deren Gebührenfinanzierung strittig ist[307]. Als Gründe dafür nennt das Bundesverfassungsgericht, dass erstens die Zahl möglicher Themenstellungen für Lokalprogramme derart begrenzt sei, dass sich eine Berichterstattung über Lokalthemen nur auf wenige Stunden pro Tag beschränke und der übrige Teil des Programms mit anderen Inhalten aufgefüllt werden müsse. Zweitens fänden die wichtigen lokalen Ereignisse bereits

---

[304] Art. 3 Konzession der SRG vom 18. November 1992.
[305] Vgl. hinten IV.3.3.2.
[306] Botschaft E-RTVG, S. 33.
[307] BVerfGE 74, 297 ff.; Ricker/Schiwy, Rn. 21 zu F; a.A. Dargel, S. 185.

Eingang in das Programm der (sprachregionalen) Veranstalter und drittens würden die lokalen und regionalen privaten Veranstalter die Bedürfnisse nach lokalen und regionalen Themen bereits genügend befriedigen[308]. Diese Diskussion kommt spätestens dann auch in der Schweiz auf, wenn der Umfang der Grundversorgung zur Diskussion steht. Die Vertreter einer auf ein Minimum reduzierten Grundversorgung dürften die Gebührenfinanzierung von Programmen der lokalen und regionalen Ebene wohl eher ablehnen.

In Frage stellen lässt sich auch, ob Sparten- und Zielgruppenprogramme noch zum Grundversorgungsauftrag gehören. Als Spartenprogramme werden Sendungen bezeichnet, die thematisch begrenzt sind und sich nur an einen begrenzten Teilnehmerbereich richten[309]. Zielgruppenprogramme sind Sendungen, die sich ausschliesslich an eine bestimmte Zielgruppe richten[310]. Häufig sind Sparten- und Zielgruppenprogramme nicht für jedermann empfangbar, da sie nicht terrestrisch, sondern über Kabel verbreitet werden[311]. Sparten- und Zielgruppenprogramme werden bei den Rezipienten zunehmend beliebter, weil ihr Angebot näher am jeweiligen Bedürfnis der Rundfunkteilnehmer ist als ein Einheitsprogramm[312].

Gerade weil solche Programme sich nur an ein eng begrenztes Publikum wenden, zählen sie m.E. nicht zur Grundversorgung. Deshalb dürfen sie auch nicht mit Rundfunkgebühren finanziert werden, die für die Grundversorgung bestimmt sind. Freilich wehren sich gebührenfinanzierte Veranstalter gegen ein sog. Verspartungsverbot, da besonders im Unterhaltungsbereich eine Verspartung zu einer Akzeptanzsteigerung führen

---

[308] BVerfGE 74, 297 ff.
[309] Ricker/Schiwy, Rn. 18 zu F.
[310] Botschaft E-RTVG, S. 40.
[311] Z.B. die Radiosender Swiss-Pop, Swiss-Classic, Radio Virus und Radio Eviva.
[312] Botschaft E-RTVG, S. 40.

kann. Einer solchen Strategie ist jedoch Einhalt zu gebieten, nicht zuletzt deshalb, weil der Informationswert dieser Programme in der Regel marginal ist[313] und ein Programm, dessen einziger Zweck es ist, die private Konkurrenz zu verdrängen, keine Berechtigung auf staatliche Finanzierung hat[314].

In Deutschland vertritt ein grosser Teil der Lehre[315] die Ansicht, dass die Finanzierung von Sparten- und Zielgruppenprogrammen durch Rundfunkgebühren zulässig ist, da diese Programme in den Bereich des klassischen Rundfunkauftrags fallen und zur Funktionserfüllung erforderlich sind. Eine solche extensive Auslegung des Grundversorgungsauftrags ist abzulehnen. Sparten- oder Zielpublikumsprogramme sollten nur dann durch Gebühren finanziert werden, wenn sie notwendiger Bestandteil der Grundversorgung sind[316]. Dies ist bei Teleshopping oder reinen Unterhaltungsprogrammen eindeutig nicht gegeben. Vereinzelt wird argumentiert, dass zumindest Spartenprogramme mit kulturellem Inhalt oder Bildungsschwerpunkt zur Grundversorgung gerechnet werden sollen[317]. Diese restriktivere Auslegung überzeugt allerdings aus demselben Grund nicht. Die Grundversorgung steht und fällt in der Regel nicht mit der Veranstaltung von Kultur- und Bildungsprogrammen, die sich an einen eng begrenzten Teilnehmerkreis richten, sondern wird durch sie ergänzt resp. bereichert. Auch Spartenprogramme mit kulturellem oder Bildungsschwerpunkt sollten daher m.E. nicht grundsätzlich durch Rundfunkgebühren finanziert werden dürfen, sondern nur dann, wenn sie zur Erfüllung des Grundversorgungsauftrags unerlässlich sind.

---

[313] Ricker/Schiwy, Rn. 18 zu F.
[314] Botschaft E-RTVG, S. 40.
[315] Lohbeck, S. 80; Braun/Gillert/Hoberg/Hübner/Kamps, S. 201; Libertus, S. 149.
[316] In diese Richtung Dargel, S. 165.
[317] Kresse, S. 178.

Ein allgemeines Verbot für die SRG, Sparten- und Zielpublikumsprogramme zu veranstalten, findet sich weder im RTVG noch im E-RTVG. Die SRG soll – so der Bundesrat in der Botschaft zum E-RTVG[318] – die Möglichkeit haben, auf Entwicklungen des Markts reagieren zu können, um ihr Publikum zu erreichen. Immerhin schreibt der E-RTVG vor, dass die entsprechenden Programme zum Leistungsauftrag „zweckmässig" sein müssen[319]. Ausserdem geht aus der Botschaft zum E-RTVG hervor, dass die erwähnten Programme sich nicht ausschliesslich am Kriterium der Durchhörbarkeit und der Kundennähe orientieren dürfen[320]. Im Endeffekt läuft dies darauf hinaus, dass – trotz Fehlens eines entsprechenden Verbots im Gesetz – Sparten- und Zielpublikumsprogramme nur dann durch Rundfunkgebühren finanziert werden dürfen, wenn sie Bestandteil der Grundversorgung sind. Insofern verdient diese Regelung Zustimmung.

Gebührenfinanzierte Rundfunkveranstalter, die einen allgemein gefassten Leistungsauftrag haben – wie dies z.B. bei der SRG der Fall ist – sind m.E. bei Art und Anzahl ihrer Programme frei, solange diese zur Erfüllung des Leistungsauftrags beitragen. Da sich die Bedürfnisse der Rezipienten ständig ändern, muss es den Rundfunkveranstaltern möglich sein, auf veränderte Verhältnisse dynamisch zu reagieren[321]. Dies bedeutet nicht, dass ein Veranstalter die Gebührengelder dafür einsetzen darf, sein Programmangebot beliebig zu vermehren, um so insgesamt einen grösseren Marktanteil zu erzielen. Vielmehr müssen auch hier die Grundsätze der Sparsamkeit und Wirtschaftlichkeit[322] resp. das Verhältnismässigkeitsprinzip beachtet werden.

---

[318] Botschaft E-RTVG, S. 40.
[319] Art. 28 E-RTVG.
[320] Botschaft E-RTVG S. 40.
[321] Vgl. BVerfGE 83, 238, 296 ff. und 305 f.
[322] Vgl. BVerfGE 90, 60 ff.

b) Subsidiaritätsprinzip

In diesem Zusammenhang ist zu klären, ob nicht grundsätzlich dort, wo alternative Finanzierungsmöglichkeiten in Frage kommen, auf den Einsatz von Gebührengeldern zu verzichten ist. Hinter diesem Gedanken verbirgt sich das Subsidiaritätsprinzip, das ein staatliches Eingreifen erst dann für geboten hält, wenn die Marktprozesse kein zufrieden stellendes Ergebnis liefern[323]. Zu denken ist z.B. an Sportübertragungen und Spielfilme. Hohe Summen an Gebührengeldern fliessen mit der Finanzierung überteuerter Sport- und Filmrechte an Filmverleiher, Rechtevermittler und Sportvereine[324]. Es ist nicht länger ersichtlich, warum die Kosten des Eintritts in ein Fussballstadion als selbstverständlich angesehen werden, vom Fernsehen hingegen erwartet wird, dass das Match unentgeltlich übertragen werde. Dasselbe gilt für den Kinobesuch, von dem niemand erwarten würde, dass er durch staatliche Gelder finanziert werden soll. Dabei gilt es, sich von der falschen Vorstellung zu lösen, dass die elektronischen Medien kein wirtschaftliches Gut produzieren[325]. Deutlich wird diese Feststellung, wenn man in Erwägung zieht, dass die Rezipienten für die von den Rundfunkveranstaltern erbrachten Medienleistungen bezahlen – sei es in Form einer Rundfunkgebühr oder Direktzahlungen an den Veranstalter (Pay-TV). Überdies erhalten die Medienunternehmen finanzielle Unterstützung von Wirtschaftssubjekten, die von gewissen Medienleistungen profitieren (z.B. Werbung). Medienunternehmen stellen somit einen Teil des Wirtschaftssystems dar und sind folglich denselben Funktionsmechanismen unterworfen wie andere Unternehmen auch.

Der E-RTVG berücksichtigt das Subsidiaritätsprinzip ansatzweise. Zum einen ist – wie bereits im RTVG – eine Mischfinanzierung zulässig; zum

---

[323] Trüeb, Fernmelderecht, S. 1192; Rhinow/Schmid/Biaggini, Rn. 59 zu § 18.
[324] Schon allein unter dem Gesichtspunkt der Verhältnismässigkeit sollten in diesen Fällen keine Rundfunkgebühren eingesetzt werden.
[325] Weber, Rundfunkfinanzierung, S. 150 ff.

anderen werden auf lokaler und regionaler Ebene nicht sämtliche Veranstalter gebührenfinanziert, die einen Leistungsauftrag erfüllen müssen. Für die vollständige Abkehr vom herkömmlichen System spricht sicherlich die Befürchtung, dass ein kommerzielles Programm auf Publikumsakzeptanz ausgerichtet ist und an qualitativer Substanz verliert[326]. Dies wird oft behauptet, ist jedoch bis heute nicht empirisch nachgewiesen. Hingegen ist eine Nivellierung der Programmangebote von kommerziellen und gebührenfinanzierten Anbietern zu erkennen[327]. Es scheint, als ob die zunehmende Kommerzialisierung gebührenfinanzierter Programme eher mit dem gewandelten Bedürfnis der Rezipienten als mit der Finanzierungsart zusammenhängt.

Die Erfahrungen der letzten Jahre in der Schweiz haben m.E. gezeigt, dass die richtige Balance zwischen Subvention und Kommerz eine effiziente und kostengünstige Grundversorgung ermöglicht. Insbesondere die Lokalradios haben trotz ihrer marktwirtschaftlichen Struktur auf regionaler resp. lokaler Ebene die Grundversorgung gewährleistet. Eine neue Medienpolitik müsste anhand dieses Beispiels auf dem Grundsatz basieren, dass gebührenfinanzierte Anbieter nur dann nötig sind, wenn der Markt die Grundversorgung nicht erbringen kann. Dies führt zwangsläufig zur „Gretchenfrage", ob die Grundversorgung mit Radioprogrammen in der Schweiz nicht generell durch staatsferne Finanzmittel erfolgen sollte. Dem Staat fiele dann die Aufgabe zu, lediglich punktuell – z.B. für Radios in Berg- und Randregionen oder Kulturproduktionen – Geld zur Verfügung zu stellen.

Freilich tritt an dieser Stelle das Argument auf, die Gebührenfinanzierung resp. Mischfinanzierung sei die der Grundversorgung angemessene Finanzierungsart, weil sie dem Veranstalter nicht nur den Quotendruck

---

[326] Dumermuth, Programmaufsicht, S. 271; Dumermuth, Rundfunkrecht, Rn. 35; Krummenacher, S. 124 ff.; Lohbeck, S. 85.
[327] Vgl. hinten IV.3.3.4.

vermindere, sondern ihn auch vor der Einflussnahme der Geldgeber schütze[328]. Diese Behauptung ist allerdings zu bezweifeln. Erstens wird übersehen, dass die für diesen Fall angesprochene Gefährdung der Medienfreiheit nicht durch den Staat, sondern durch private Finanzgeber erfolgt. Das Grundrecht der Medienfreiheit schützt jedoch, wie schon im Zusammenhang mit Art. 93 Abs. 3 BV erörtert[329], die einzelnen Veranstalter lediglich vor Eingriffen des Staats, nicht aber vor solchen privater Geldgeber. Zweitens zeigen die Erfahrungen im Printbereich und auf der Ebene der Lokalradios sowie der Lokalfernsehstationen, dass es auch bei kommerziell ausgerichteten Medien zu keinem Verlust des Meinungspluralismus kommt. Hingegen ist in den vergangenen Jahren bei der SRG die Tendenz spürbar, Programme vermehrt massenattraktiv zu gestalten – trotz Gebührenfinanzierung[330].

Zumindest sollte der Einsatz von Gebührengeldern dann als unzulässig betrachtet werden, wenn bereits ein Informationszugang besteht, d.h. etablierte private Anbieter die Grundversorgung gewährleisten. Das gilt besonders dann, wenn der gebührenfinanzierte Sender mit dem Zweck gegründet wird, den etablierten Veranstalter aus dem Markt zu drängen. Dies geschah m.E. bei der Markteinführung des SRG-Spartensenders „Radio Virus". Mit „Radio 105" existierte damals bereits ein Radiosender für Jugendliche. „Radio Virus" – finanziert durch öffentliche Gelder – hätte dem Subsidiaritätsprinzip folgend nicht lanciert werden dürfen.

c) *Doppelte Finanzierung*

Die Grenze der Gebührenfinanzierung ist sicherlich dann erreicht, wenn Angebote doppelt finanziert werden. Dies ist der Fall, wenn sowohl die SRG als auch private Anbieter zur Erfüllung eines identischen Leistungs-

---

[328] Haas, S. 50 f.; Dumermuth, Rundfunkrecht, Rn. 35; Lohbeck, S. 85.
[329] Vgl. vorne III.3.2.
[330] Vgl. hinten IV.3.3.4.

auftrags Gebührengelder erhalten. Der E-RTVG sieht dies auf regionaler resp. lokaler Ebene vor. Das in der Botschaft zum E-RTVG angeführte Argument, die Regionaljournale von „Radio DRS" seien komplementär zum Angebot der regionalen Privatsender und garantierten in gewissen Regionen die Medienvielfalt[331], hält unter verfassungsrechtlichen Gesichtspunkten nicht stand. Erstens bedeutet eine Medienkonzentration nicht automatisch, dass die Meinungsfreiheit gefährdet ist[332]. Zweitens ist die Grundversorgung einer Region dann gewährleistet, wenn ein Veranstalter die Grundversorgungsaufgabe wahrnimmt[333]. Die Finanzierung weiterer Veranstalter ist daher unter dem Gesichtspunkt der Verhältnismässigkeit verfassungswidrig, da es an der Erforderlichkeit fehlt[334]. Der Gesetzgeber muss sich folglich entscheiden, ob er den Service Public Régional-Auftrag den Privatsendern oder der SRG übertragen will.

4. Rechtsnatur der Rundfunkgebühr

4.1 Qualifikation des Bundesgerichts

4.1.1 Regalabgabe

Das Bundesgericht qualifiziert die Radio- und Fernsehempfangsgebühren in ständiger Rechtsprechung als verfassungsrechtlich gestützte Regalabgaben[335]. Begründet wird dies damit, dass der Bund den Empfang von Radio- und Fernsehprogrammen aufgrund des Telegrafenmonopols[336] monopolisiert habe und ein Monopol seinem Inhaber das Recht gebe, ei-

---

[331] Botschaft E-RTVG, S. 33.
[332] Vgl. vorne II.4.5.
[333] Dargel, S. 243 f.
[334] Vgl. vorne III.3.1.
[335] BGE 121 II 183; 109 Ib 308; die h.L. folgt dieser Ansicht: vgl. Schürmann/Nobel, S. 175; Widmer-Schlumpf, S. 69; Müller G., S. 133; Medialex, 2/95, S. 107 ff.
[336] Art. 93 BV.

ne bestimmte wirtschaftliche Tätigkeit unter Ausschluss aller anderen Personen auszuüben[337]. Dem Monopolinhaber steht es zu, Dritte an der monopolisierten Tätigkeit teilnehmen zu lassen und im Gegenzug eine Abgabe zu verlangen. Auf die Radio- und Fernsehempfangsgebühren bezogen bedeutet dies, dass der Bund Dritte am Empfang von Radio- und Fernsehprogrammen teilnehmen lässt, wenn diese ihm im Gegenzug Radio- und Fernsehempfangsgebühren entrichten.

Der Empfangskonzessionär hat jedoch keinen inhaltlichen Anspruch auf Radio- und Fernsehprogramme, sondern lediglich einen technischen Anspruch, zum Empfang solcher Programme berechtigt zu sein[338]. Nach der Rechtsauffassung des Bundesgerichts hat dies zur Folge, dass der Staat nicht für die Veranstaltung von Programmen sorgen muss. Werden keine Programme veranstaltet, erfüllen die veranstalteten Programme nicht die Erwartungen des Konzessionierten oder ist dieser nicht in der Lage, die Programme zu empfangen, fällt dies in dessen eigene Risikosphäre. Bei den Radio- und Fernsehempfangsgebühren handelt sich demnach um eine rein technische Gebühr, die als Entschädigung für das verliehene Regalrecht zu verstehen ist und der keine konkrete synallagmatische Leistung des Bundes gegenübersteht[339]. Daraus schliesst das Bundesgericht, dass die Gebühr nicht dem Kostendeckungs-, sondern dem Äquivalenzprinzip unterliegt[340].

Das Bundesgericht hält auch nach Inkrafttreten des Radio- und Fernsehartikels an dieser Rechtsprechung fest[341]. Es folgt dabei der Trennungstheorie, wonach Art. 93 BV die programmlichen Aspekte und Art. 92 BV die fernmeldetechnischen Aspekte von Radio und Fernsehen re-

---

[337] Zur Definition eines Monopols vgl. Häfelin/Müller, Rn. 2557.
[338] Müller G., S. 130 ff.; BGE 109 Ib 311.
[339] BGE 109 Ib 314.
[340] Medialex 2/95, S. 109.
[341] Medialex 2/95, S. 107 ff.

gelt[342]. Eine einheitliche Interpretation, wie sie in dieser Arbeit vorgeschlagen wird[343], lehnt das Bundesgericht ab.

4.1.2 Stellungnahme

Die Argumentation des Bundesgerichts vermag m.E. nicht zu überzeugen. Einerseits, weil sich – wie dargelegt[344] – die Empfangsgebühr nicht auf das Fernmeldemonopol, sondern auf den Radio- und Fernsehartikel stützten sollte. Andererseits, weil die Qualifikation der Radio- und Fernsehempfangsgebühr als rein technische Monopolgebühr nicht mehr zeitgemäss erscheint. Die Empfangsgebühr kann nicht losgelöst vom Rundfunkangebot, der Rundfunkordnung und der Rundfunkfinanzierung betrachtet werden. Unbestritten gibt Art. 93 Abs. 1 BV dem Bund die Möglichkeit, gewisse Bereiche des Rundfunks zur Staatsaufgabe zu erklären resp. zu monopolisieren[345], worunter auch die technische Seite des Empfangs fällt. Die sog. Regaltheorie, die im Zusammenhang mit den Radio- und Fernsehempfangsgebühren an ein technisches Regal anknüpft, ist jedoch abzulehnen.

Der technische Aspekt war lediglich in jener Zeit von Bedeutung, als es um das Telegrafenwesen resp. den Empfang von Zeitzeichen und nicht um den Rundfunk im heutigen Sinn ging. Das Recht, Ätherwellen zu empfangen, stand damals grundsätzlich allein dem Staat zu. Die Radio- und Fernsehempfangsgebühren weiterhin auf dieses Monopol zu stützen, würde bedeuten, dass grundsätzlich nur der Staat berechtigt wäre, Radio zu hören und fernzusehen. Angesichts der Tatsache, dass in der Schweiz über 90 % aller Haushalte[346] mindestens ein Radio- oder ein Fernsehgerät angemeldet haben, lässt sich dieses Argumentation nur aufrechterhal-

---

[342] Vgl. vorne III.1.1; Vonlanthen, S. 323.
[343] Vgl. vorne III.1.1.
[344] Vgl. vorne III.1.1.
[345] Vgl. vorne III.2.1.

ten, wenn man davon ausgeht, dass der Staat sein Alleinempfangsrecht zwar behalten, dessen Ausübung aber auf 2.7 Millionen Radio- und 2.6 Millionen TV-Gerätebesitzer übertragen hat[347].

Dieses Konstrukt mutet vor dem Hintergrund, dass die Verfassung und die EMRK ausdrücklich jedem Bürger das Recht auf Teilnahme am Rundfunk garantieren, äusserst seltsam an. Die Erlaubnis, Radio- und Fernsehprogramme zu empfangen, entsteht genau genommen nicht erst mit der Konzessionserteilung. Die Informationsfreiheit garantiert jedem Bürger das Recht, Rundfunkprogramme zu empfangen[348]. Diese Garantie – sie umfasst zweifelsohne nicht nur die programmliche, sondern auch die technische Seite des Empfangs und ist im RTVG explizit als Empfangsfreiheit verankert[349] – ist unabhängig davon, ob der Rezipient Radio- und Fernsehempfangsgebühren bezahlt resp. sein Gerät angemeldet hat. Dies wird deutlich, wenn man die Strafbestimmungen des RTVG betrachtet[350]. Das RTVG sieht für den Fall der Nichtanmeldung resp. Nichtbezahlung lediglich Bussen, nicht aber den Entzug „illegaler" Rundfunkgeräte vor. Der Bund ist somit weder in der Lage, mittels Konzession einem Bürger den Empfang von Rundfunkprogrammen zu gestatten, noch ihm diesen mittels Entzug oder Verweigerung der Konzession zu verbieten resp. ihn daran zu hindern. Die Konzessionierung – immerhin das Fundament der Regaltheorie – erscheint unter diesem Aspekt als zahnloser Tiger.

Die Regaltheorie vermag überdies nicht zu überzeugen, weil sich der Charakter der Gebühr mit dem Wandel der Technik geändert hat. Anders als beim Telegrafieren steht beim Rundfunk die Finanzierung der Inhalte

---

[346] AmtlBull NR 1998, S. 1572.
[347] Zahlen: Haas, S. 58; zur Argumentation vgl. Ipsen, S. 34.
[348] Grob, S. 27; Kley, S. 194 f.
[349] Art. 52 RTVG.
[350] Art. 70 Abs. 1 lit. a RTVG.

im Vordergrund. Schon in den Zwanzigerjahren entschied sich die Obertelegraphendirektion dafür, die Radiogebühren zur Finanzierung der Veranstalter einzusetzen[351]. Die Fernsehempfangsgebühren wurden später aus dem einzigen Grund eingeführt, das kostspielige Fernsehen zu finanzieren[352]. Nach den Vorstellungen des Gesetzgebers ist die Erfüllung des Leistungsauftrags heute ohne Radio- und Fernsehempfangsgebühren undenkbar. Sie sollen es den Gebührenempfängern ermöglichen, die Grundversorgung möglichst ohne Quotendruck und werbeunabhängig zu gewährleisten[353].

Ausserdem ist die Gebührenfinanzierung das vom Gesetzgeber bewusst gewählte System zur Regulierung der Rundfunkordnung. Er setzt die Empfangsgebühren gezielt dafür ein, ein vertikales Service Public-Modell umzusetzen[354]. Der Service Public-Veranstalter geniesst dadurch einen erheblichen Wettbewerbsvorteil[355]. Die Radio- und Fernsehempfangsgebühren sind somit ein entscheidendes Element der Rundfunkregulierung in der Schweiz. Die enge Verknüpfung dieser Gebühr mit der Rundfunkfinanzierung und -regulierung führt zu einer eingeschränkten Verfügungsfähigkeit des Bundes hinsichtlich des Gebührenertrags. Sowohl der Gebühreneinzug als auch die Gebührenverteilung sind gesetzlich definiert. Die Radio- und Fernsehempfangsgebühren erscheinen nicht einmal in der Staatsrechnung. Diese Einschränkung der Verfügungsfähigkeit ist für Regaleinnahmen höchst ungewöhnlich.

Im Ergebnis zeigt sich, dass die Regaltheorie wesentliche Aspekte nicht berücksichtigt, die zur Qualifikation der Rechtsnatur der Radio- und Fernsehempfangsgebühren relevant sind. Sie basiert auf der Grundüber-

---

[351] Vgl. vorne II.1.2.
[352] Vgl. vorne II.2.3.
[353] Vgl. Bundesrat, Aussprachepapier, S. 18; BBl 1987 III 721; Botschaft E-RTVG, S. 17; Haas, S. 50 f.
[354] Zum vertikalen Modell vgl. Weber, Rundfunkfinanzierung, S. 42 ff.

legung, dass der technische Aspekt im Zentrum der Empfangsgebühr steht. Der Umstand, dass heute in erster Linie die Finanzierung und Regulierung des *Rundfunkprogramms* von Bedeutung ist, wird vernachlässigt. Ausserdem ergeben sich Ungereimtheiten im Zusammenhang mit der Informationsfreiheit. Die Regaltheorie ist deshalb abzulehnen. Bei den Radio- und Fernsehempfangsgebühren handelt es sich somit *nicht* um Konzessionsabgaben.

Warum das Bundesgericht diese Argumente nicht berücksichtigt, hat m.E. mehrere Gründe. Die älteren Entscheide des Bundesgerichts sind meiner Ansicht nach ergebnisorientiert, da bis zum Inkrafttreten des Radio- und Fernsehartikels lediglich eine fernmeldetechnische Kompetenz des Bundes vorlag, die eine technische Abgabe, nicht jedoch eine Rundfunkgebühr im modernen Sinn rechtfertigte[356]. Hätte das Bundesgericht damals die Radio- und Fernsehempfangsgebühren als Rundfunkgebühr und nicht als Monopolabgabe qualifiziert, hätte dies dazu geführt, dass es sich umfassend mit der in dieser Arbeit bereits angesprochenen Kompetenzproblematik hätte beschäftigen müssen. Das wollten die Bundesrichter offenbar vermeiden.

Dass die Begründung des Bundesgerichts auf wackligen Beinen steht, beweist der Entscheid 109 Ib 308. Dort verweist das Gericht darauf, dass es sich bei den Radio- und Fernsehempfangsgebühren um Monopolabgaben handle, denen keine konkrete Gegenleistung gegenüberstehe. Inhalt und Qualität der veranstalteten Sendungen sei genau so wenig von Bedeutung wie der Umstand, ob überhaupt Radio- und Fernsehprogramme veranstaltet würden. Bei den Radio- und Fernsehempfangsgebühren handle es sich lediglich um das Entgelt für das dem Konzessionär verliehene Recht[357]. Diese Argumentation verdient m.E. keine Zustimmung.

---

[355] Vgl. vorne III.3.4.2a).
[356] Vgl. vorne III.1.2.
[357] BGE 109 Ib 313.

Erstens handelt es sich beim verliehenen Recht zumindest um eine konkrete Gegenleistung im weiteren Sinn, da auch das Dulden der Nutzung eines staatlichen Rechts eine Leistung darstellt[358]. Zweitens erscheint es unlogisch, wenn das Bundesgericht im selben Entscheid an anderer Stelle bemerkt, dass der Konzessionär dadurch, dass er vom Angebot der Rundfunkanstalten Gebrauch machen kann, einen bedeutenden kulturellen Wert erhalte, der „sich im Grunde genommen finanziell nicht festlegen"[359] lasse, und dass im konkreten Fall – es ging unter anderem um die Äquivalenz der Rundfunkgebühr – von einem Missverhältnis „zwischen dem empfangenen Wert und der finanziellen Leistung des Konzessionärs (...) nicht die Rede sein kann"[360].

Mit diesem Widerspruch, einerseits jegliche Gegenleistung und Verbindung zum Rundfunkangebot zu verneinen, andererseits aber in der Empfangskonzession einen Gegenwert zur Empfangsgebühr zu sehen, der sich nach dem Rundfunkangebot bemisst, macht das Bundesgericht selbst deutlich, dass die Radio- und Fernsehempfangsgebühren nicht völlig losgelöst vom Rundfunkangebot als reine Monopolabgaben für ein verliehenes technisches Recht zu betrachten sind. Vielmehr räumt das höchste Gericht ein, dass ein Zusammenhang zwischen den Radio- und Fernsehempfangsgebühren und dem Rundfunkangebot und somit auch der Rundfunkregulierung resp. -finanzierung besteht.

Warum das Bundesgericht auch in jüngeren Entscheiden[361], d.h. solchen, die nach Inkrafttreten des Verfassungsartikels über Radio und Fernsehen und des RTVG gefällt wurden, immer noch daran festhält, die Radio- und Fernsehempfangsgebühren auf das Telegrafenmonopol zu stützen und sie dementsprechend als rein technische Gebühr zu qualifizieren, ist

---

[358] Müller G., S. 133.
[359] BGE 109 Ib 315.
[360] BGE 109 Ib 315.
[361] Medialex 2/95, S. 107 ff.

nicht nachzuvollziehen. Es kann nur als Festhalten an der längst überholten Trennungstheorie und einer von staatlichen Monopolen beherrschten Sichtweise gewertet werden[362]. Rund drei Jahrzehnte nach der Liberalisierung des Radio- und Fernsehmarkts sollte sich eine höchstrichterliche Rechtsprechung nicht mehr an Staatsmonopole anlehnen, sondern die medien- und gesellschaftspolitische Entwicklung in der Schweiz berücksichtigen.

4.2 Eigener Qualifikationsansatz

4.2.1 Qualifikationsprobleme

Folgt man der hier vertretenen teleologischen Auslegung, muss der technische Aspekt der Radio- und Fernsehempfangsgebühr in den Hintergrund treten. Sinn und Zweck der Empfangsgebühr ist es, die „Grundversorgung der Bevölkerung mit Radio- und Fernsehprogrammen finanziell abzusichern"[363]. Die Gebühr wird nicht geschuldet, um die technische Erlaubnis zur Teilnahme am Rundfunkangebot zu erhalten, sondern ist das Entgelt für die Gesamtveranstaltung Rundfunk, welche die Grundversorgung sicherstellt. Insofern handelt es sich bei den Radio- und Fernsehempfangsgebühren um eine Rundfunkgebühr[364]. Diese Ansicht vertrat auch der Bundesrat, als er 1987 die Botschaft zum RTVG verabschiedete[365]. Ohne Begründung ging diese Sichtweise bei der Botschaft zum E-RTVG wieder verloren, obwohl sich aus rechtlicher Sicht nichts verändert hat[366].

---

[362] Zur Trennungstheorie vgl. Vonlanthen, S. 323.
[363] Dumermuth, Rundfunkrecht, Rn. 256.
[364] Gleicher Meinung Dumermuth, Rundfunkrecht, Rn. 256.
[365] BBl 1987 III 748.
[366] Botschaft E-RTVG, S. 156.

Der Rezipient schuldet die Rundfunkgebühr im Übrigen unabhängig davon, ob er von der Gesamtveranstaltung Rundfunk Gebrauch macht oder überhaupt dazu in der Lage ist. Das Recht auf freien Rundfunkempfang bedeutet auch nicht, dass der Rundfunkempfang kostenlos sein muss[367]. Freilich darf die Gebühr nicht unangemessen hoch sein und dadurch prohibitiv wirken. Da die Rundfunkgebühr dem Bund geschuldet wird[368], handelt es sich um eine öffentliche Abgabe. Mit der Qualifikation als Rundfunkgebühr ist allerdings noch keine eindeutige Aussage gefallen, um welche Art von Abgabe es sich dabei handelt. Deutlich wurde lediglich, dass die Rundfunkgebühr keine Konzessionsabgabe darstellt.

In erster Linie ist an eine – der Name deutet es bereits an – Gebühr zu denken. Dem natürlichen Sprachgebrauch folgend, wird eine Gebühr als Gegenleistung für eine Leistung des Staats verstanden[369]. Die juristische Definition ist ähnlich. Eine Gebühr – oder genauer ausgedrückt eine Kausalabgabe – ist eine finanzielle Abgabe, der eine staatliche Gegenleistung gegenüber steht. Dies bedeutet, dass die Abgabe und die Leistung des Staats auf einem synallagmatischen Leistungsaustausch basieren[370]. Dieser Ansatz verleiht der Rundfunkleistung einen wirtschaftlichen Zug[371]. Trotzdem vermag er m.E. im vorliegenden Kontext nicht zu überzeugen, weil die Gegenleistung des Staats (die Finanzierung der Grundversorgung) zu wenig konkret ist.

Für die Konkretisierung der Gegenleistung reicht es nicht aus, wenn man die Grundversorgung als Ganzes betrachtet. Vielmehr würde ein Anspruch des Gebührenzahlers auf den Empfang jeglicher mit Gebühren finanzierter Programme entstehen. Das ist schon allein angesichts der Fre-

---

[367] Schürmann/Nobel, S. 175; Herrmann, S. 705.
[368] BBl 1987 III 748; Dumermuth, Rundfunkrecht, Rn. 255.
[369] Fechner, Rn. 641.
[370] Häfelin/Müller, Rn. 2625.
[371] Weber, Rundfunkfinanzierung, S. 150.

quenzknappheit undenkbar. Doch auch ein uneingeschränkter Empfang sämtlicher Programme, z.b. mittels digitaler Plattform, würde nicht ausreichen, um die Gegenleistung des Staates hinreichend zu konkretisieren. Da Kausalabgaben grundsätzlich dem Kostendeckungsprinzip unterliegen[372], müsste der Konsument nur jenen Anteil des Rundfunkangebots bezahlen, den er tatsächlich nutzt. Dieser wäre mit modernen Set-Top-Boxen zwar zu ermitteln[373], würde aber die Frage aufwerfen, ob diese allzu wirtschaftliche Betrachtung der Rundfunkgebühr mit den föderalistischen Grundsätzen des Service Public in der Schweiz zu vereinbaren ist. Angesichts des Finanzausgleichs zwischen den Regionen[374], der ein massgebliches Element der Schweizer Grundversorgung darstellt, ist diese Frage wohl eher zu verneinen[375]. Die Rundfunkgebühr ist somit – entgegen ihrer Bezeichnung – keine Gebühr.

Hingegen könnte es sich bei den Rundfunkgebühren um Steuern handeln. Steuern sind öffentliche Abgaben, die voraussetzungslos geschuldet werden, d.h. nicht als Entgelt für eine staatliche Leistung oder einen besonderen Vorteil[376]. Wie soeben dargelegt, träfe dies auf die Radio- und Fernsehempfangsgebühren zu. Zur Erhebung von Steuern benötigt der Bund allerdings eine steuerbegründende Verfassungsbestimmung, da Bundessteuern einzelne, genau umschriebene Verfassungsermächtigungen verlangen[377]. Diese Voraussetzung erfüllt Art. 93 BV nicht, da diese Norm dem Bund lediglich die Sachkompetenz, nicht aber gleichzeitig auch die Steuerkompetenz bezüglich Radio und Fernsehen gibt. Die Rundfunkgebühr dient überdies nicht – wie dies bei Steuern üblich ist –

---

[372] Häfelin/Müller, Rn. 2637 ff.
[373] Weber, Rundfunkfinanzierung, S. 180; Lohbeck, S. 154.
[374] Vgl. hinten IV.3.1.2.
[375] Weber, Rundfunkfinanzierung, S. 181.
[376] Häfelin/Müller, Rn. 2661.
[377] Dumermuth, Rundfunkrecht, Rn. 256; zur verfassungsmässigen Grundlage von Steuern vgl. Rhinow/Schmid/Biaggini, Rn. 14 ff. zu § 13; Häfelin/Haller, Rn. 1086.

der ungebunden Einnahmeerzielung für den Staatshaushalt[378]. Somit scheidet auch die Qualifikation als Steuer aus.

In der Schweizer Lehre wird vereinzelt auf den subventionsrechtlichen Charakter der Radio- und Fernsehempfangsgebühren verwiesen[379]. Das Subventionsgesetz (SuG)[380] unterscheidet grundsätzlich zwischen Finanzhilfen und Abgeltungen[381]. Finanzhilfen sind geldwerte Vorteile, die der Bund an Private gibt, weil diese eine selbst gewählte Aufgabe erfüllen[382]. Bei den Abgeltungen ist die Erfüllung der zu Subventionen führenden Aufgabe nicht selbst gewählt, weil der Empfänger aufgrund bundesrechtlicher oder öffentlich-rechtlicher Bestimmungen dazu verpflichtet ist[383]. Das Konzessionsmodell würde grundsätzlich darauf schliessen lassen, dass es sich bei den Radio- und Fernsehempfangsgebühren hinsichtlich der Weitergabe an die Veranstalter um eine Abgeltung handelt. Dagegen spricht, dass der Subventionsempfänger eine Staatsaufgabe des Bundes erfüllt, was bei der Veranstaltung von Rundfunkprogrammen nicht der Fall ist, da die Veranstalter keine öffentliche Aufgabe des Bundes im Sinn einer Staatsaufgabe erfüllen[384]. Auch wenn damit feststeht, dass die Rundfunkgebühr keine Subvention darstellt, ist ihr subventionsrechtlicher Charakter nicht von der Hand zu weisen.

Schliesslich könnte es sich bei der Rundfunkgebühr um einen Beitrag handeln. Beiträge sind nicht für tatsächliche Verwaltungsleistungen zu bezahlen, sondern bereits für die blosse Möglichkeit, die Leistung einer öffentlichen Einrichtung in Anspruch zu nehmen[385]. Deshalb genügt es,

---

[378] Lohbeck, S. 133.
[379] Weber, Neustrukturierung, S. 75.
[380] SR 616.1.
[381] Art. 3 Abs. 1 und Abs. 2 SuG.
[382] Vallender, Rn. 83 zu § 13.
[383] Vallender, Rn. 86 zu § 13.
[384] Vgl. vorne III.2.3.
[385] Häfelin/Müller, S. 570 f.; zur Definition in Deutschland vgl. Lohbeck, S. 130.

wenn der Rezipient an der Gesamtveranstaltung Rundfunk teilnehmen *könnte*. Die Gesamtveranstaltung Rundfunk ist allerdings nicht mit einer öffentlichen Einrichtung vergleichbar. Der Bund übernimmt zwar die Garantie der Grundversorgung; die eigentliche Leistung – die Veranstaltung von Radio- und Fernsehprogrammen – stellt jedoch keine Tätigkeit der Verwaltung dar. Die Rundfunkgebühr ist somit nicht als Beitrag zu qualifizieren.

Im Ergebnis ist festzuhalten, dass die Rundfunkgebühr zu keiner der klassischen Abgabeformen gezählt werden kann. Für die weitere Bestimmung ihrer Rechtsnatur ist ein Blick nach Deutschland hilfreich. Dort ist die Rechtsnatur der Rundfunkgebühr ebenfalls nicht ohne weiteres zu bestimmen und stellt die Rundfunkrechtler vor ähnliche Probleme[386].

4.2.2 Rechtsvergleichung mit Deutschland

Die Rundfunkgebühr wurde in Deutschland – wie in der Schweiz – ursprünglich aus dem Post- resp. Telegrafenmonopol abgeleitet. Eine fernmeldetechnische Betrachtung, wie sie vom Schweizer Bundesgericht noch heute vertreten wird, gaben das Bundesverfassungsgericht und die deutsche h.L. allerdings bereits Ende der Fünzigerjahre auf[387]. Man geht heute davon aus, dass die Rundfunkgebühr von der Rundfunkgesetzgebungskompetenz miterfasst ist[388].

Das Bundesverfassungsgericht sieht die Rechtfertigung der Rundfunkgebühr in der Grundversorgung, die der öffentliche Rundfunk erbringt[389]. Es lässt eine rechtliche Qualifikation jedoch offen. Ausgeschlossen wird

---

[386] Jarren, S. 152.
[387] Vgl. Ipsen, S. 60 ff.; Herrmann, S. 703.
[388] Jarren, S. 152.
[389] BVerfGE 90, 60, 105.

lediglich, dass es sich um einen konkreten synallagmatischen Leistungsaustausch handelt, weil „die Rundfunkgebühr keine Gegenleistung für eine einzelne, vom Rundfunkteilnehmer in Anspruch genommene, konkrete messbare Leistung der Landesrundfunkanstalten, sondern Finanzierungsmittel für die Gesamtveranstaltung öffentlich-rechtlicher Rundfunk" darstellt[390].

Im Schrifttum finden sich zahlreiche Ansichten, wie die Rundfunkgebühr zu qualifizieren sei[391]. Einigkeit besteht lediglich darin, dass die Bezeichnung „Gebühr" nicht zwingend die Rechtsnatur vorgibt und es sich bei der Rundfunkgebühr um eine öffentliche Abgabe handelt[392]. Bei der Einordnung in das klassische Abgabensystem werden die unterschiedlichsten Meinungen vertreten. Teilweise wird der Gegenleistungscharakter der Rundfunkgebühr bestritten und diese als Steuer qualifiziert[393]. Andere sehen sie wiederum als Anstaltsnutzungsgebühr mit[394] oder ohne[395] Beitragscharakter, während sie Dritte als Beitrag werten[396]. Die jeweiligen Begründungen entsprechen über weite Strecken den Überlegungen, die in dieser Arbeit zur selben Problematik in der Schweiz angestellt wurden[397]. Die Diskussion in Deutschland zeigt, dass sich die Rundfunkgebühr nur schwer in die klassischen Abgabenformen einordnen lässt[398]. In jüngster Zeit findet sich deshalb vermehrt die Auffassung, dass es sich um eine Abgabe sui generis handle[399]. Bei dieser Qualifikation werden die unterschiedlichen Elemente der klassischen Abgabeformen vermischt.

---

[390] BVerfGE 31, 314, 329 f.
[391] Gegenüberstellung bei Dargel, S. 80 ff.; Lohbeck, S. 133 ff.; Herrmann, S. 704.
[392] Dargel, S. 81.
[393] Hümmerich/Beucher, S. 714; Schmitz, S. 303.
[394] Ipsen, S. 60 ff.; Grupp, S. 42; Kollek, S. 72; Lerche, S. 26.
[395] Schmidt, S. 40.
[396] Eberle, S. 560; Kirchhof, S. 36.
[397] Vgl. vorne III.4.2.1.
[398] Jarren, S. 152.
[399] Becker, S. 222; Dargel, S. 147 f.

4.2.3 Abgabe sui generis mit Beitragscharakter

Die eindeutige Zuordnung der Rundfunkgebühr zu einer existierenden Abgabeform ist, wie dargelegt, auch in der Schweiz nicht möglich. Insofern erscheint es folgerichtig, sie – wie zum Teil in Deutschland vorgeschlagen wird – als Abgabe sui generis zu qualifizieren. Damit ist jedoch noch keine Aussage über die Eigenschaft dieser Abgabe getroffen.

Zur Bestimmung der Eigenschaft müssen m.E. die auf die Rundfunkgebühr zutreffenden Elemente der klassischen Abgabeformen berücksichtigt werden. Der Zusammenhang zwischen der Rundfunkgebühr und der Rundfunkordnung schliesst eine technische Regalabgabe aus[400]. Auch die Ansicht, dass die Rundfunkgebühr eine Steuer darstellt, ist abzulehnen, da der Rezipient mit der Gesamtveranstaltung Rundfunk eine Gegenleistung – auch wenn sie nicht synallagmatisch ist – erhält. Der Bezug zum Beitrag ist m.E. derjenige, der am nächsten erscheint. Er berücksichtigt die Wirtschaftlichkeit der Rundfunkleistung am stärksten und setzt trotzdem keine konkrete synallagmatische Gegenleistung voraus. Der Gebührenzahler erhält die Möglichkeit, von einer Gegenleistung – der Gesamtveranstaltung Rundfunk – Gebrauch zu machen. Diese Leistung wird vom Staat zwar nicht selbst erbracht, aber immerhin mittels Finanzierung der Veranstalter gewährleistet.

Die Rundfunkgebühr ist demnach als Abgabe sui generis mit Beitragscharakter zu qualifizieren. Sie dient dazu, die Grundversorgung der Bevölkerung mit Radio- und Fernsehprogrammen finanziell abzusichern[401]. Der Rezipient schuldet die Rundfunkgebühr dem Staat. Als Gegenleistung erhält er die Möglichkeit, an der Gesamtveranstaltung Rundfunk teilzunehmen.

---

[400] Vgl. vorne III.4.1.2.
[401] Dumermuth, Rundfunkrecht, Rn. 256.

IV. Rundfunkgebühr nach geltendem Recht

1. Melde- und Gebührenpflicht

1.1 Auslegungsschwierigkeiten

Die Einzelheiten der Rundfunkgebühr sind im RTVG und der Radio- und Fernsehverordnung (RTVV) geregelt. Das RTVG unterscheidet zwischen der Melde- und der Gebührenpflicht[402]. Meldepflichtig ist jeder, der ein Radio- oder Fernsehgerät zum Empfang bereithält. In der Regel begründet die Meldepflicht auch die Gebührenpflicht. Unter bestimmten Voraussetzungen müssen jedoch gewisse Kategorien meldepflichtiger Personen – z.B. AHV-Empfänger – keine Gebühren entrichten[403]. Schwierigkeiten bereiten den rechtsanwendenden Behörden die unbestimmten Rechtsbegriffe im Gesetz und in der Verordnung.

Als Beispiel soll der Begriff „Haushalt" dienen, der in Art. 42 Abs. 1 RTVV genannt ist, aber weder im Gesetz noch in der Verordnung näher definiert wird. Was fällt alles unter den Begriff „Haushalt"? Ist die Wohngemeinschaft ein Haushalt oder setzt sie sich aus mehreren Haushalten zusammen, die jeweils einzeln gemeldet werden müssen? Finden die Bestimmungen über die Wohngemeinschaft auch auf einen Kollektivhaushalt, wie z.B. ein Kloster, Anwendung? Gehört das Autoradio noch zum Haushalt? Wie verhält es sich mit dem Fernseher in der Ferienwohnung? Auf all diese Fragen gibt das Gesetz keine Auskunft.

Im Lauf der Jahre hat sich bei den Behörden eine Anwendungspraxis herauskristallisiert, die das BAKOM in einer internen Weisung zusammengefasst hat (VVO-BAKOM). Dabei handelt es sich um eine Verwal-

---

[402] Art. 55 Abs. 1 und Art. 44 RTVG.
[403] Art. 45 Abs. 1 RTVV.

tungsverordnung, d.h. eine generelle Dienstanweisung, die sich an die Mitarbeiter des BAKOM und der Billag AG richtet, auch wenn dies im Text nicht explizit erwähnt ist. Ziel einer solchen Dienstanweisung ist es, die einheitliche, gleichmässige und sachrichtige Praxis des Gesetzesvollzugs sicherzustellen[404]. Auch wenn die Mitarbeiter des BAKOM und der Billag AG an diese Verwaltungsverordnung gebunden sind, stellt diese keine Rechtsquelle dar, weil keine Rechte oder Pflichten von Dritten begründet werden[405]. Dies hat zur Folge, dass erstens Private die Verletzung dieser Verwaltungsverordnung nicht mit Rechtsmitteln geltend machen können, zweitens die (Verwaltungs-) Gerichte nicht an sie gebunden sind und drittens sie nicht unmittelbar angefochten werden kann[406]. Dem Bürger steht jedoch das Recht zu, dass ihn das BAKOM resp. die Billag AG über den Inhalt der Verordnung in Kenntnis setzt[407].

1.2 Meldepflicht

1.2.1 Grundsatz

Meldepflichtig ist, wer Radio- und Fernsehempfangsgeräte zum Betrieb vorbereitet oder betreibt[408]. Als Empfangsgeräte gelten alle Geräte, die zum Empfang von Radio- und Fernsehprogrammen geeignet sind[409]. Zweifellos fallen unter diese Bestimmung herkömmliche Radio- und Fernsehapparate, ungeachtet dessen, ob sie die Radio- und Fernsehprogramme terrestrisch oder via Kabel empfangen. Ebenfalls meldepflichtig sind Geräte, die für den Empfang von in vergleichbarer Weise wie Radio

---

[404] Knapp, S. 77; Häfelin/Müller, Rn. 124; Tschannen/Zimmerli/Kiener, S. 63; Schwarzenbach-Hanhart, S. 49.
[405] Schwarzenbach-Hanhart, S. 49; Häfelin/Müller, Rn. 125; Knapp, S. 77.
[406] Häfelin/Müller, Rn. 128; Knapp, S. 77 und 79 f.
[407] BGE 86 I 320.
[408] Art. 61 RTVG; Art. 41 RTVV.
[409] Art. 41 RTVV.

und Fernsehen aufbereiteten Darbietungen und Informationen geeignet sind[410]. Damit ist z.B. Teletext gemeint.

Wer meldepflichtig ist, muss die Gebührenerhebungsstelle davon in Kenntnis setzen[411]. Änderungen des meldepflichtigen Sachverhalts sind schriftlich mitzuteilen[412]. Das Alter der meldepflichtigen Person ist unbedeutend, d.h. auch Kinder sind nicht von der Meldepflicht befreit[413]. Das RTVG und die RTVV unterscheiden zwischen privatem und gewerblichem Empfang[414].

1.2.2 Privater Empfang

Anknüpfungspunkt für den privaten Empfang ist der Haushalt[415]. Wie erwähnt, sagt das Gesetz nichts darüber aus, was unter einem Haushalt zu verstehen ist. Der Begriff als solcher kommt im Schweizer Recht selten vor. Eine Definition lässt sich an keiner Stelle finden. Im Strafrecht, das den Begriff „Haushalt" ebenfalls kennt[416], wird er vom Bundesgericht dahin ausgelegt, dass „mehrere Personen unter einem Dach essen, schlafen und wohnen"[417]. Gemäss dieser Interpretation weist ein Haushalt zwei Komponenten auf – eine räumliche („unter einem Dach") und eine soziale („essen, schlafen und wohnen").

Die Bezeichnung „unter einem Dach" ist wohl eher weit auszulegen und umfasst nicht nur die eigentlichen Wohnräume, sondern auch Nebenräume, Mansarden, Kellerabteile, Bastelräume etc. Diese müssen sich nicht

---

[410] Art. 41 RTVV.
[411] Art. 61 RTVG; Art. 41 RTVV.
[412] Art. 41 RTVV.
[413] VVO-BAKOM, Nr. 2.1.2, Abschnitt 1, letzter Satz.
[414] Art. 64 Abs. 2 RTVG; Art. 42 RTVV.
[415] Art. 42 Abs. 1 RTVV.
[416] Art. 110 Ziff. 3 RTVG.
[417] BGE 102 IV 163; 86 IV 158; Trechsel, Rn. 4 zu Art. 110.

wirklich „unter einem Dach befinden". Auch ein Geräteschuppen im Garten zählt wohl allgemein noch zum Haushalt. Entscheidend ist, dass die Räume nach einer natürlichen Betrachtungsweise einen funktionalen Zusammenhang aufweisen und eine räumliche Einheit darstellen.

Die Interpretation der sozialen Komponente gestaltet sich um einiges komplexer. Als Ansatzpunkt soll wieder die strafrechtliche Definition dienen. Wohnen, schlafen und essen sind in der Regel Handlungen, die man nach dem allgemeinen Sprachgebrauch zu Hause, d.h. am Wohnort, ausübt. Es stellt sich die Frage, inwieweit an die Bestimmungen über den zivilrechtlichen Wohnsitz angeknüpft werden kann. Zivilrechtlich gesehen hat eine Person dort ihren Wohnsitz, wo sie die Absicht dauernden Verbleibens und ihren Lebensmittelpunkt hat[418]. Diese Definition erweist sich jedoch als zu eng. Ein Wochenaufenthalter beispielsweise begründet in der Regel nur einen Wohnsitz, aber zwei Haushalte, da es nach dem allgemeinen Sprachgebrauch zur Begründung eines Haushalts – im Gegensatz zum Wohnsitz – nicht notwendig ist, dass man den Lebensmittelpunkt am besagten Ort hat. Es genügt vielmehr, dass man an diesem Ort mehr oder weniger regelmässig isst, schläft und wohnt. Mit anderen Worten ist dann von einem Haushalt die Rede, wenn ein normaler Alltag relativ unabhängig und selbstständig gelebt werden kann[419]. Dies ist unter Umständen auch an zwei verschiedenen Orten möglich, was jedoch nicht bedeutet, dass in jedem Haushalt ein eigenes Bad und eine eigene Koch- und Essstelle vorhanden sein müssen. Hingegen sollte eine Rückzugsmöglichkeit von allfälligen Gemeinschaftsräumen gegeben sein, sodass der einzelne Haushalt von aussen mehr oder weniger deutlich als eigene Einheit erkennbar ist. Anderenfalls dürfte wohl eher ein gemeinsamer Haushalt vorliegen.

---

[418] Pedrazzini/Oberholzer, S. 106 f.; Tuor/Schnyder/Schmid/Rumo-Jungo, S. 91 ff. mit Verweisen auf die Praxis des Bundesgerichts.
[419] VVO-BAKOM, Nr. 2.1.2, Abschnitt 2, 1. Satz.

Neben einer bestimmten Wohndauer wird im Strafrecht eine gewisse Intimität zwischen den Personen verlangt[420], was analog auch auf den Haushaltsbegriff im RTVG übertragen werden sollte. Eine solche Intimität ist sicher bei den Bewohnern einer Wohngemeinschaft gegeben – schon allein deshalb, weil ihnen in der Regel nicht genügend Rückzugsmöglichkeiten zur Verfügung stehen, die das Alltagsleben als von der Gemeinschaft unabhängig und selbstständig erscheinen lassen. Bad, Küche, Wohnzimmer und Kellerabteil werden oftmals gemeinsam benutzt und meist schreibt ein Plan vor, wer für welchen Bereich zuständig ist. Die Wohngemeinschaft stellt daher einen Haushalt dar, der folglich nur einmal meldepflichtig ist[421].

Eine solche Intimität fehlt hingegen bei Gross- und Kollektivhaushalten. Als Gross- und Kollektivhaushalt werden Gebäude angesehen, die aus einer Anzahl mehr oder weniger selbstständiger Wohneinheiten bestehen. Den Bewohnern stehen sowohl Gemeinschaftsräume als auch die Möglichkeit zur Verfügung, sich in nur ihnen zugängliche Wohnbereiche zurückzuziehen. Darunter fallen in der Regel Personalhäuser von Spitälern, Studentenwohnheime und Klöster. Im Unterschied zur Wohngemeinschaft ist die Rückzugsmöglichkeit deutlich grösser. Dies hat zur Folge, dass auch das Mehrgenerationenhaus mit einzelnen Wohnungen und gemeinsamer Küche eher als Grosshaushalt denn als Wohngemeinschaft anzusehen ist. Gross- und Kollektivhaushalte setzen sich dementsprechend aus mehreren einzelnen Haushalten zusammen, in denen jeder Einzelne für sich meldepflichtig ist[422].

Ob allerdings – wie in der VVO-BAKOM vorgesehen – in gemeinsamen Räumen genutzte Empfangsgeräte generell als „gewerblicher Empfang"

---

[420] Trechsel, Rn. 7 zu Art. 110.
[421] VVO-BAKOM, Nr. 2.1.2, Abschnitt 2, letzter Satz.
[422] VVO-BAKOM, Nr. 2.1.2, Abschnitt 4, erster Satz.

qualifiziert werden sollen[423], ist eher fraglich und hängt m.E. von der Institution ab. Handelt es sich bei der Institution um eine juristische Person, sind die Voraussetzungen erfüllt, um von gewerblichem Empfang zu sprechen. Im Mehrgenerationenhaus sollte hingegen auf eine zusätzliche Anmeldung verzichtet werden, wenn die einzelnen Parteien bereits gemeldet sind. Ist dies nicht der Fall, müssten für die in gemeinsamen Räumen genutzten Empfangsgeräte die Bestimmungen über den privaten Empfang anwendbar sein, da nach dem natürlichen Sprachgebrauch von einem Gewerbe nicht die Rede sein kann.

Da das Gesetz an den Begriff „Haushalt" anknüpft, muss daraus der Schluss gezogen werden, dass jeder Haushalt nur einmal anzumelden ist, unabhängig davon, wie viele Empfangsgeräte vorhanden sind und wie viele Personen in diesem Haushalt leben[424]. Insofern umfasst eine Anmeldung auch:

Gäste während der Dauer ihres Aufenthalts im Haushalt;
sämtliche in Fahrzeugen, Wohnwagen, Schiffen, Flugzeugen etc. fest installierten oder mobilen Geräte der im Haushalt lebenden Personen und
die selbst genutzten Empfangsgeräte am Arbeitsplatz[425].

1.2.3 Gewerblicher Empfang

Um gewerblichen Empfang handelt es sich, wenn in einem Betrieb Empfangsgeräte bereitgehalten werden, die zur Information, Unterhaltung oder zu Demonstrations- resp. Verkaufszwecken von Personal und/oder Kundschaft dienen[426]. Der Begriff „Gewerbe" kam in der

---

[423] VVO-BAKOM, Nr. 2.1.2, Abschnitt 4, letzter Satz.
[424] VVO-BAKOM, Nr. 2.1.2, Abschnitt 2, letzter Satz.
[425] VVO-BAKOM, Nr. 2.1.2, Abschnitt 1.
[426] Art. 42 Abs. 2 RTVV.

alten Bundesverfassung vor; diese garantierte ausdrücklich die Handels- und Gewerbefreiheit (Art. 31 aBV)[427]. Um ein Gewerbe in diesem Sinn handelt es sich bei einer auf Erwerb gerichteten privatrechtlichen Tätigkeit[428]. Die Erwerbsabsicht braucht dabei nicht das Hauptmotiv zu sein. Ausserdem muss keine Gewinnerzielung beabsichtigt werden. Vielmehr genügt es, wenn die Tätigkeit nur die Selbstkosten decken soll[429]. Den Begriff „Betrieb" auf Unternehmen mit privatrechtlicher Tätigkeit zu beschränken, erscheint allerdings als zu eng, da auch öffentlich-rechtliche Anstalten oder kantonale Behörden im selben Ausmass von den Vorzügen eines Empfangsgeräts profitieren können. Für diese Interpretation spricht im Weiteren, dass der Bundesrat nur die *Bundesbehörden* ausdrücklich von der Meldepflicht befreit[430].

Der Empfang ist dann als gewerblich zu qualifizieren, wenn er als vom Betrieb ausgehend erscheint. Installiert ein Mitarbeiter zu seiner eigenen Unterhaltung ein Empfangsgerät, soll gemäss der VVO-BAKOM der Empfang – analog der Regelung von in Fahrzeugen installierten Empfangsgeräten – bereits von einer privaten Meldung gedeckt sein[431]. Gewerblicher Empfang liege allerdings vor, wenn mehrere Mitarbeiter *gemeinsam* ein Empfangsgerät installieren. Dies erscheint m.E. widersprüchlich. Warum soll es sich um privaten Empfang handeln, wenn jeder einzelne Arbeitnehmer sein eigenes Empfangsgerät installiert, jedoch gewerblicher Empfang gegeben sein, wenn alle Arbeitnehmer gemeinsam einen Apparat benutzen? Ob ein Arbeitnehmer am Arbeitsplatz Radio hören oder TV sehen darf, hängt von der Genehmigung des Arbeitgebers ab. Erlaubt dieser – stillschweigend oder ausdrücklich – während der Arbeit den Betrieb solcher Geräte, entspricht dies einer innerbetrieblichen

---

[427] Gygi/Richli, S. 55 ff.
[428] Zur gegenwärtigen Definition der Wirtschaftsfreiheit vgl. Häfelin/Haller, Rn. 628.
[429] Marti, S. 40 f.
[430] Art. 43 RTVV.
[431] VVO-BAKOM, Nr. 2.1.2, Abschnitt 1, zweitletzter Satz.

Regelung, die den Empfang als vom Betrieb ausgehend erscheinen lässt. Konsequenter wäre es somit, den Betrieb von Empfangsgeräten am Arbeitsplatz generell als gewerblich zu qualifizieren.

Schliesslich bleibt der Fall zu klären, in dem Haushalt und Arbeitsplatz zusammenfallen. Hier muss wohl danach unterschieden werden, ob es sich um Heimarbeit handelt, die keinen Einfluss auf die Natur des privaten Empfangs hat, oder ob sich im Haushalt des Meldepflichtigen auch ein Gewerbe befindet. Ist Letzteres der Fall, erscheint es als folgerichtig, gewerblichen Empfang anzunehmen.

Die Meldung umfasst – wie beim privaten Empfang – sämtliche Geräte, die in Autos, Flugzeugen oder auf Schiffen installiert sind[432]. Lässt sich ein Betrieb in mehrere Geschäftsstellen aufteilen, ist jede einzelne Geschäftsstelle meldepflichtig. Als Geschäftsstelle ist jede separat geführte abtrennbare Einheit eines Unternehmens anzusehen[433].

Der E-RTVG sieht vor, den gewerblichen Empfang stärker zu differenzieren[434]. Dahinter steckt der Gedanke, dass die gewerbliche Nutzung zum Teil mit unterschiedlichen wirtschaftlichen Zielen verfolgt wird. Insbesondere soll die Rundfunkgebühr für solche Unternehmen höher sein, die aus der Bereitstellung eines Empfangsgeräts kommerziellen Nutzen ziehen[435]. Zu denken ist an Hotels oder Autovermietungen, die ihren Kunden – im Zimmer oder im Auto – Zugang zu einem Fernseher resp. Radio verschaffen. In diesen Fällen erscheint das Empfangsgerät als Bestandteil der Dienstleistung. Insbesondere Hotels werben in der Regel damit, dass sich im Zimmer ein Fernseher befindet. Insofern ist der kommerzielle Nutzen deutlich grösser als etwa bei einem kleinen Mecha-

---

[432] VVO-BAKOM, Nr. 2.1.3, Abschnitt 1, letzter Satz.
[433] VVO-BAKOM, Nr. 2.1.3, Abschnitt 2.
[434] Art. 78 Abs. 2 E-RTVG.
[435] Botschaft E-RTVG, S. 158.

nikerbetrieb, der in der Werkstatt zur Unterhaltung seiner Mitarbeiter einen Radioapparat angestellt hat. Eine stärkere Differenzierung des gewerblichen Empfangs ist m.E. daher sinnvoll.

Die Berechnungsgrundlage sollte jedoch nicht auf die Anzahl der Apparate abstellen, da das Gesetz nicht an das Gerät, sondern an den Haushalt resp. an das Unternehmen anknüpft. Ausserdem sagt die Anzahl der Geräte nichts darüber aus, wie gross der kommerzielle Nutzen ist. Ein Pauschalbetrag erscheint unter diesem Gesichtspunkt angemessener als die Verknüpfung der Rundfunkgebühr mit der Anzahl der Empfangsgeräte. Es ist davon auszugehen, dass die konkrete Ausgestaltung dieser Regelung auf Verordnungsstufe erfolgt.

1.2.4 Programme, die eine Meldepflicht begründen

Meldepflichtig sind Geräte, die den Empfang von konzessionspflichtigen Programmen ermöglichen. Konzessionspflichtig im Sinn des RTVG sind in- oder ausländische Radio- und Fernsehprogramme, nicht jedoch Internetdienste[436]. Das jeweilige Medium ist bei der Definition des Programms als Einheit zu sehen. Gewisse TV-Stationen schalten z.B. in der Zeit, in der sie keine eigenen Programme veranstalten, Radioprogramme auf. Hier handelt es sich eindeutig um Fernsehempfang, da der Programmveranstalter das Programm eines anderen Mediums übernimmt, was keinen Einfluss darauf hat, dass er weiterhin ein Fernsehprogramm veranstaltet[437]. Die Kantine, in der ein Fernseher steht, muss deshalb lediglich eine Konzession für den Fernsehempfang haben, auch wenn z.B. am Morgen über „SF 1" das Programm von „DRS 1" läuft. Anders verhält es sich, wenn der Fernseher als Radioempfangsgerät verwendet wird: Dann muss zusätzlich ein Radioapparat angemeldet werden.

---

[436] VVO-BAKOM, Nr. 2.1.4, Abschnitt 1.

Nicht relevant ist, welche Programme konsumiert werden[438]. Ohne Bedeutung ist zudem die Empfangsqualität[439]. Der Empfang von Radio- und Fernsehprogrammen via Kabelnetz oder Satellit ist in jedem Fall meldepflichtig. Nicht der Meldepflicht unterliegen sollen gemäss der VVO-BAKOM Programme, die via Modem und Internet über den Computer empfangen werden[440]. Dies ist m.E. zweifelhaft, da es nicht massgeblich ist, mittels welcher Übertragungsform der Rezipient an der Gesamtveranstaltung Rundfunk teilnimmt.

1.2.5 Geräte, deren Betrieb keine Meldepflicht begründen

Geräte, mit denen keine Radio- und Fernsehprogramme empfangen werden können, sind nicht meldepflichtig. Im Streitfall soll gemäss der VVO-Bakom[441] der Betreiber nachweisen, dass mit dem Gerät keine Programme empfangen werden können. Diese Umkehr der Beweislast ist m.E. ungerechtfertigt. Im Streitfall sollte es die Behörde sein, die nachweisen muss, ob mit einem Gerät ein Empfang möglich ist oder nicht. Zustimmung verdient hingegen die Ansicht, dass eine Meldepflicht besteht, wenn ein Gerät durch wenige Handgriffe (wie z.B. Einstecken der Antenne) empfangstauglich gemacht werden kann[442]. Damit soll „faulen Ausreden" hinsichtlich des tatsächlichen Empfangs vorgebeugt werden. Wird ein Gerät ausschliesslich für die Qualitätskontrolle von Radio- und TV-Signalen verwendet, besteht keine Meldepflicht, wenn der Betreiber die Verbreitung der Signale im Auftrag von Programmveranstaltern vornimmt oder eine Weiterverbreitungskonzession besitzt und die Geräte lediglich zur Erfüllung seiner Dienstleistung einsetzt[443].

---

[437] VVO-BAKOM, Nr. 2.1.4, Abschnitt 2, erster Satz.
[438] VVO-BAKOM, Nr. 2.1.4, Abschnitt 3, erster Satz.
[439] VVO-BAKOM, Nr. 2.1.4, Abschnitt 3, erster Satz.
[440] VVO-BAKOM, Nr. 2.1.4, Abschnitt 2, zweiter Satz.
[441] VVO-BAKOM, Nr. 2.1.5.1, Abschnitt 1, erster Satz.
[442] VVO-BAKOM, Nr. 2.1.5.1, Abschnitt 2.
[443] VVO-BAKOM, Nr. 2.1.5.2.

1.2.6 Ausnahmen von der Meldepflicht

Der Bundesrat kann bestimmte Kategorien von Personen von der Meldepflicht befreien[444]. Eine Liste der von der Meldepflicht befreiten Personengruppen findet sich in der RTVV[445]. Demzufolge sind von der Meldepflicht befreit:

Personen mit Wohnsitz im Ausland, die sich höchstens drei Monate in der Schweiz aufhalten;

Bewohner und Bewohnerinnen von Pflegeheimen, die schwer pflegebedürftig sind, d.h., wenn sie einer der beiden höchsten Pflegebedarfsstufen gemäss Krankenpflege-Leistungsverordnung[446] zugeordnet sind;

Bundesbehörden für den Empfang von Radio- und Fernsehprogrammen in Dienst- und Aufenthaltsräumen (die Liste richtet sich nach der Regierungs- und Verwaltungsorganisationsverordnung[447] und dem dazugehörenden Anhang);

diplomatische Vertretungen, ständige Missionen und konsularische Posten sowie internationale Organisationen, die mit dem Bund ein Sitzabkommen abgeschlossen haben und

diplomatisches, administratives und technisches Personal der diplomatischen Vertretungen, ständigen Missionen und konsularischen

---

[444] Art. 62 RTVG.
[445] Art. 43 RTVV.
[446] SR 832.112.31.
[447] SR 172.010.1.

Posten, das die schweizerische Staatsangehörigkeit nicht besitzt (der Bestand richtet sich nach den Listen des EDA)[448].

Personen, die von der Meldepflicht befreit sind, müssen keine Radio- und Fernsehempfangsgebühren entrichten, wenn sie entsprechende Geräte in Betrieb nehmen[449].

1.2.7 Besondere Fälle der Meldepflicht

Bei den folgenden Sachverhalten handelt es sich um besondere Fälle, für welche die rechtsanwendenden Behörden im Lauf der Zeit eine Praxis herausgebildet haben. Die Daten der Personen, die unter einen in diesem Abschnitt geschilderten Sachverhalt fallen, müssen von der Inkassostelle nicht in der normalen Datenbank gespeichert werden. Sie können separat erfasst werden. Die Daten müssen jedoch aufbewahrt werden, weil sie für eine Prüfung von potenziell Meldepflichtigen benötigt werden könnten und gegebenenfalls für ein Strafverfahren relevant sind[450].

Wochenaufenthalter müssen sich nicht in jedem Fall am zweiten Wohnort anmelden. Entscheidend ist die Anzahl der Tage und Nächte, die sie dort verbringen. Eine zweite Anmeldung ist erst notwendig, wenn sie während der Mehrheit des Jahres drei oder mehr Nächte in der Woche am zweiten Wohnort verbracht haben[451].

Bei der *privaten Nutzung von Ferienhäusern* ist deren Meldung bereits durch eine allfällige Meldung am eigentlichen Wohnort abgedeckt. Die Ferienwohnung wird analog zum Zweitgerät in der Wohnung, im

---

[448] Legitimationskarten, Ausgabe 1993. Alle Inhaber eines Ausweises mit den Nummern 1, 2, 4, 5, 7 und 8 (ohne Vertreter der internationalen Organisationen) sind von der Meldepflicht ausgenommen.
[449] Umkehrschluss aus Art. 61 Abs. 1 Satz 2 RTVG.
[450] VVO-BAKOM, Nr. 2.2.4.6, Abschnitt 2.
[451] VVO-BAKOM, Nr. 2.2.4.1.

Auto oder am Arbeitsplatz behandelt. Werden Räume individuell vermietet, so dass darin ein separater Haushalt entsteht, sind die Bewohner dieser Räume jedoch für sich meldepflichtig. Ihr Empfang ist nicht durch eine generelle Meldung des Vermieters gedeckt[452].

Die *private Vermietung von Ferienwohnungen und Fahrzeugen* begründet keine gesonderte Meldepflicht, wenn kein gewerblicher Charakter entsteht. Dieser wird angenommen, wenn eine gewerbliche Organisation für die Vermietung verwendet wird (z.B. Inserate oder Vermittlung über einen Makler etc.), primär kommerzielle Zwecke mit der Vermietung verfolgt werden und die Vermietung überwiegend an dem Eigentümer fremde Personen erfolgt[453].

Die *gewerbliche Vermietung von Ferienwohnungen und Fahrzeugen*, die mit Empfangsgeräten ausgestattet sind, unterliegt der Meldepflicht des Vermieters und wird als gewerblicher Empfang qualifiziert. Dabei ist es unbedeutend, ob die Mieter bereits in der Schweiz anderenorts gemeldet sind[454].

Bei *Dauerhotelgästen*, die ihren Wohnsitz im Hotel haben, wird das Hotelzimmer als Haushalt im Sinn von Art. 42 Abs. 1 RTVV angesehen. Diese Personen unterliegen damit der privaten Meldepflicht. Als Dauergast gilt eine Person, wenn sie mehr als drei Monate in einem Hotel logiert[455].

Wer ein Empfangsgerät nur *vorübergehend in Betrieb* nimmt, muss dieses trotzdem anmelden. Die nur zeitlich begrenzte Betriebsdauer

---

[452] VVO-BAKOM, Nr. 2.2.4.2, Abschnitt 1.
[453] VVO-BAKOM, Nr. 2.2.4.2, Abschnitt 2.
[454] VVO-BAKOM, Nr. 2.2.4.3.
[455] VVO-BAKOM, Nr. 2.2.4.5.

(und sei diese auch nur wenige Stunden) schliesst eine Meldepflicht nicht aus[456].

1.3 Gebührenpflicht

1.3.1 Grundsatz

Wer meldepflichtig ist, ist in der Regel auch gebührenpflichtig[457]. Die Gebührenpflicht beginnt am ersten Tag des Monats, in dem das Empfangsgerät in Betrieb genommen bzw. dazu vorbereitet wird[458]. Wer z.B. am 15. August 2003 einen Radiowecker kauft, ist für den gesamten Monat August gebührenpflichtig. Die Gebührenpflicht endet am letzten Tag des Monats, an dem die Einstellung des Betriebs schriftlich mitgeteilt wird[459]. Massgebend ist somit nicht das Ende der Meldepflicht, sondern der Zeitpunkt, an dem die tatsächliche Abmeldung bei der Inkassostelle erfolgt. Wer z.B. seit dem 30. September 2003 keine Empfangsgeräte mehr in seinem Haushalt hat, die Inkassostelle aber erst am 17. Dezember 2003 darüber informiert, ist für die Monate Oktober, November und Dezember weiter gebührenpflichtig. Eine rückwirkende Meldung der Einstellung des Betriebs eines Empfangsgeräts ist demzufolge wirkungslos. Eine rückwirkende Meldung der Inbetriebnahme eines Empfangsgeräts löst hingegen eine Nachzahlungspflicht aus[460].

1.3.2 Befreiung von der Gebührenpflicht

Wer ein Empfangsgerät nur vorübergehend betreibt – der Empfang darf in diesem Fall nicht über ein Monatsende hinausgehen –, ist zwar melde-

---

[456] VVO-BAKOM, Nr. 2.2.4.6.
[457] Umkehrschluss aus Art. 45 Abs. 1 RTVG.
[458] Art. 44 Abs. 2 RTVV.
[459] Art. 41 Abs. 2 RTVV.

pflichtig, muss aber keine Gebühren zahlen. Im Weiteren haben meldepflichtige AHV- oder IV-Bezüger ein Anrecht darauf, dass sie von der Gebührenpflicht befreit werden[461]. Dafür muss der AHV- oder IV-Bezüger ein schriftliches Gesuch an die Billag AG stellen, dem ein rechtskräftiger Entscheid über den Anspruch auf Ergänzungsleistungen beiliegt[462]. Anschliessend entsteht ein Rechtsanspruch auf Befreiung von der Gebührenpflicht. Diese endet am letzten Tag des Monats, in dem das Gesuch um Gebührenbefreiung eingereicht worden ist[463]. Die Inkassostelle hat regelmässig zu überprüfen, ob die erwähnten Voraussetzungen noch gegeben sind. Die einmalige Befreiung von der Gebührenpflicht schliesst ihr späteres Wiederaufleben nicht aus. Da die Rundfunkgebühr an den Haushalt anknüpft, wird der gesamte Haushalt befreit, in dem die betroffene Person lebt[464].

1.4 Sanktionen bei Nichtanmeldung

Wer meldepflichtig ist, die Meldung bei der Gebühreneinzugsstelle jedoch unterlässt, muss mit einer Busse bis zu Fr. 5000.-- rechnen[465]. In leichten Fällen kann von einer Strafe abgesehen werden[466]. Die verfolgende und zugleich urteilende Behörde ist das UWEK[467]. Das Verfahren richtet sich nach dem Verwaltungsstrafrechtsgesetz[468].

In der Praxis bedeutet dies, dass die Billag AG bei Verdacht auf Widerhandlung dem BAKOM eine Meldung erstattet. Anschliessend untersucht

---

[460] VVO-BAKOM, Nr. 3.2, Abschnitt 2.
[461] Art. 45 Abs. 2 RTVG.
[462] Art. 45 Abs. 4 RTVG.
[463] Art. 45 Abs. 3 RTVG.
[464] VVO-BAKOM, Nr. 3.3, Abschnitt 1, letzter Satz.
[465] Art. 70 Abs. 1 lit. a RTVG.
[466] Art. 70 Abs. 4 RTVG.
[467] Art. 73 Abs. 1 in Verbindung mit Art. 74 Abs. 3 RTVG.
[468] SR 313.0.

das BAKOM den Sachverhalt. Erhärtet sich der Verdacht auf Widerhandlung, leitet das BAKOM ein Verfahren gemäss Art. 19 ff. Verwaltungsstrafrechtsgesetz ein. Die folgende Tabelle zeigt die erledigten Meldungen mit Verdacht auf Widerhandlung und die geführten Verwaltungsstrafrechtsverfahren der Jahre 1999 bis 2002.

Jahr	Meldungen	Verfahren
1999[469]	4'464	2'409
2000[470]	1'811	2'293
2001[471]	2'757	1'197
2002[472]	4'004	4'252

In der Mehrzahl der abgeurteilten Fälle handelte es sich um leichte Widerhandlungen, die mit einer Busse bis maximal Fr. 500.-- abgeschlossen wurden[473]. Dabei ist die unter Umständen nachzuzahlende Rundfunkgebühr nicht berücksichtigt. Für die Berechnung der Busse fällt insbesondere ins Gewicht, ob es sich um einen Wiederholungstäter handelt und ob der Empfang gewerblich genutzt wurde[474].

Untersuchungen, wie viele Schwarzhörer und -seher es in der Schweiz gibt, liegen nur in beschränktem Ausmass vor. Aus der Gesamtzahl der Haushalte in der Schweiz kann geschlossen werden, dass 9 % von ihnen

---

[469] BAKOM, Jahresbericht 1999, S. 21.
[470] BAKOM, Jahresbericht 2000, S. 20.
[471] BAKOM, Jahresbericht 2001, S. 20.
[472] BAKOM, Jahresbericht 2002, S. 29.
[473] Diese Information erhielt ich am 14. April 2003 auf schriftliche Anfrage von Daniel Rohrbach, stellvertretender Sektionschef „Markt und Recht deutschsprachige Schweiz", BAKOM.

keine Radioempfangsgebühr und 14 % keine Fernsehempfangsgebühr zahlen. Wie viele davon tatsächlich kein Radio- oder Fernsehgerät besitzen, ist nicht bekannt[475]. Schätzungen gehen davon aus, dass es sich um rund 300'000 Haushalte handelt[476]. Untersuchungen in Deutschland haben gezeigt, dass die Gebührenakzeptanz den stärksten Einfluss auf die Anmeldebereitschaft ausübt[477]. Eine hohe Gebührenakzeptanz ist bei Rezipienten mit Steuermoral (Bereitschaft, Steuern zu zahlen) und der Überzeugung, dass die Programmqualität von den Gebühren abhängt, zu beobachten. Mit Werbekampagnen und mehr Kontrolleuren versucht die Billag AG seit 2000, die Zahl der gebührenzahlenden Haushalte zu erhöhen[478].

2. Gebührenhöhe

2.1 Festsetzungsprozess

2.1.1 Zuständigkeit

Der Bundesrat bestimmt die Höhe der Rundfunkgebühr[479]. Formell erfolgt dies auf dem Verordnungsweg. Eine Gebührenanpassung bedarf einer Revision der entsprechenden Bestimmung[480]. An dieser Regelung hält der E-RTVG fest[481], da es sich um einen Entscheid von medienpolitischer Tragweite handle, der bei der Landesregierung bleiben

---

[474] Diese Information erhielt ich am 14. April 2003 auf schriftliche Anfrage von Daniel Rohrbach, stellvertretender Sektionschef „Markt und Recht deutschsprachige Schweiz", BAKOM.
[475] AmtlBull NR 1998, S. 1572.
[476] Vgl. BaZ vom 8. Februar 2000, S. 9; Berner Zeitung vom 13. Dezember 1999, S. 4.
[477] Eckhardt/Tebert, S. 12.
[478] Vgl. TA vom 9. Februar 2000, S. 68 f.
[479] Art. 55 Abs. 2 RTVG.
[480] Art. 101 RTVV.
[481] Art. 78 Abs. 1 E-RTVG.

solle[482]. Der E-RTVG sieht jedoch vor, dass der Bundesrat bei seinem Entscheid die Empfehlungen der Kommission, des Beirats und des Preisüberwachers zu berücksichtigen hat[483]. Diese sollen die Argumente überprüfen, die für die Festlegung der Gebührenhöhe angeführt werden. Der Bundesrat ist aber an die Empfehlungen der Kommission, des Beirats und des Preisüberwachers nicht gebunden.

Der Preisüberwacher nahm in der Vergangenheit schon mehrmals Stellung zu Gebührenerhöhungen[484]. Beispielsweise beantragte die SRG 1992 die Erhöhung ihres Gebührenanteils um 13,57 %[485]. Begründet wurde dieses Begehren mit der Teuerung seit der letzten Anpassung, wesentlich höheren Preisen für Filme und Sportübertragungsrechte, der Aufrechterhaltung des finanziellen Gleichgewichts sowie Mindereinnahmen durch die Streichung von Bundessubventionen[486]. Der grösste Teil der Gebührenerhöhung sollte dem Radio zugute kommen[487].

Nach der Begutachtung der SRG-Einnahmenstruktur und Analyse der Kosten der SRG-Radioprogramme und ihrer Marktanteile empfahl der Preisüberwacher dem Bundesrat, den Gebührenanteil der SRG anstelle von 13,57 % um durchschnittlich 10 % zu erhöhen. Der Preisüberwacher war der Ansicht, dass die SRG auch mit einer geringeren Anhebung ihr Leistungsangebot und ihre Qualität verbessern könne[488]. Der Bundesrat folgte dem Vorschlag des Preisüberwachers[489]. Zugleich billigte er eine Erhöhung des Gebührenanteils der PTT-Betriebe, die damals für die technische Verbreitung der SRG-Rundfunkprogramme zuständig waren

---

[482] Botschaft, S. 75.
[483] Art. 78 Abs. 3 E-RTVG.
[484] Zur Rechtsgrundlage vgl. Art. 14 Abs. 1 Preisüberwachungsgesetz (SR 942.20).
[485] Preisüberwacher, Jahresbericht 1992, VKKP 1993/1b, S. 40.
[486] Preisüberwacher, Jahresbericht 1992, VKKP 1993/1b, S. 37.
[487] Preisüberwacher, Jahresbericht 1992, VKKP 1993/1b, S. 39.
[488] Preisüberwacher, Jahresbericht 1992, VKKP 1993/1b, S. 40.
[489] Preisüberwacher, Jahresbericht 1992, VKKP 1993/1b, S. 41.

und beschloss, die regionalen Radio- und Fernsehveranstalter mit insgesamt 7,8 Millionen Franken Gebührengeldern zu unterstützen (Gebührensplitting)[490]. Damit stieg die Rundfunkgebühr per 1. Februar 1993 für den jährlichen Radioempfang von Fr. 118.80 auf Fr. 153.50 und für den jährlichen Fernsehempfang von Fr. 231.60 auf Fr. 243.60.

Den gebührenfinanzierten Veranstaltern stehen keine Rechtsmittel zur Verfügung, den Entscheid des Bundesrats anzufechten. Die SRG darf zwar gemäss ihrer Konzession alle zwei Jahre einen Antrag auf Gebührenerhöhung stellen[491] – anfechten können jedoch weder sie noch die anderen Gebührenempfänger den Entscheid[492].

2.1.2 Bemessungsregeln

Bei der Festsetzung der Gebührenhöhe berücksichtigt der Bundesrat

den voraussichtlichen Finanzbedarf der SRG für die Erfüllung ihrer Aufgaben,
den Finanzbedarf der regionalen und lokalen Veranstalter, die Gebühren erhalten sowie
den Aufwand für die Frequenzverwaltung und -überwachung und den Aufwand für die Erhebung der Rundfunkgebühr[493].

Bei der Berücksichtigung des Finanzbedarfs der SRG und der regionalen resp. lokalen Veranstalter hat der Bundesrat deren alternative Finanzierungsmöglichkeiten zu beachten[494]. Der E-RTVG unterscheidet sich von der geltenden Regelung dadurch, dass der Bundesrat zusätzlich die Mittel des Beirats und die zur Verfolgung der Schwarzhörer und -seher zu be-

---

[490] Preisüberwacher, Jahresbericht 1992, VKKP 1993/1b, S. 42.
[491] Art. 10 Abs. 2 Konzession der SRG vom 18. November 1992.
[492] Grob, S. 282 f.; Dumermuth, Rundfunkrecht, Rn. 260.
[493] Art. 55 Abs. 2 lit. a-c RTVG.

rücksichtigen hat, nicht mehr jedoch den Aufwand für die Frequenzverwaltung und -überwachung[495].

Das Bundesgericht hat sich in der Vergangenheit wiederholt mit der Gebührenhöhe befasst. Wie bereits mehrfach in dieser Arbeit erwähnt, handelt es sich nach der Auffassung des Bundesgerichts bei den Radio- und Fernsehempfangsgebühren um eine Regalgebühr, der keine synallagmatische Gegenleistung gegenübersteht[496]. Demnach muss bei der Festlegung der Gebührenhöhe nicht das Kostendeckungsprinzip, sondern das Äquivalenzprinzip beachtet werden. Dies bedeutet, dass die Gebühr in einem vernünftigen Verhältnis zum Wert stehen muss[497].

Im Fall BGE 109 Ib 308 musste sich das Bundesgericht mit der Frage beschäftigen, ob eine Rundfunkgebühr von monatlich Fr. 5.75 für den Radioempfang bzw. Fr. 11.50 für den Fernsehempfang dem Äquivalenzprinzip entspricht. Das Bundesgericht stellte fest, dass der Wert der Empfangskonzessionen darin bestehe, dass der Konzessionär das Recht habe, vom Angebot der Programmveranstalter Gebrauch zu machen und „darin ist ein bedeutender Wert kultureller Art zu erblicken, der sich im Grunde genommen finanziell nicht festlegen lässt. In Anbetracht der Bedeutung dieses Wertes muss die geforderte Gebühr als bescheiden bezeichnet werden"[498]. Folgt man dieser Argumentationsweise, wäre wohl auch eine Gebühr, die drei- oder viermal höher wäre, noch akzeptabel[499].

Ein brauchbares Kriterium für die Festsetzung der Gebührenhöhe findet das Bundesgericht m.E. nicht. Die Höhe der Radio- und Fernsehempfangsgebühren am kulturellen Wert zu messen, den der Rundfunkteil-

---

[494] Art. 55 Abs. 2 lit. a und b RTVG.
[495] Art. 78 Abs. 1 lit. b E-RTVG.
[496] BGE 101 Ib 468; 109 Ib 305; 121 II 183.
[497] Häfelin/Müller, Rn. 2641.
[498] BGE 109 Ib 315; bestätigt in 121 II 188 f.

nehmer durch das Angebot der Programmveranstalter erhält, widerspricht – wie schon erwähnt[500] – der vom Bundesgericht vertretenen Ansicht, dass den Radio- und Fernsehempfangsgebühren als Regalabgaben keine (synallagmatische) Gegenleistung gegenübersteht.

Nach der hier vertretenen Ansicht handelt es sich bei den Radio- und Fernsehempfangsgebühren nicht um Regalgebühren, denen keine konkrete Gegenleistung gegenübersteht, sondern um eine Abgabe sui generis mit Beitragscharakter, die zur Finanzierung der Grundversorgung erhoben wird und der die Möglichkeit der Teilnahme an der Gesamtveranstaltung Rundfunk als Gegenleistung gegenübersteht. Die Anwendung des Äquivalenzprinzips ist daher fraglich.

Sinn und Zweck der Rundfunkgebühr lassen eher auf das Kostendeckungsprinzip schliessen. Art. 17 und Art. 55 RTVG zeigen, dass die Kosten der Grundversorgung für die Gebührenhöhe ausschlaggebend sind[501]. Einerseits hat der Bundesrat bei der Bemessung der Rundfunkgebühr den Bedarf der Gebührenempfänger zu berücksichtigen (Art. 55 RTVG). Andererseits erhält die SRG – sie ist mit der Grundversorgung beauftragt – den Gesamtertrag der Rundfunkgebühr (Art. 17 RTVG). Davon werden die Kosten für Leistungen abgezogen, die im Zusammenhang mit der Grundversorgung anfallen, aber nicht von der SRG erbracht werden. Es sind dies

die Kosten für die Frequenzverwaltung und -überwachung sowie die Kosten für die Sendernetzplanung,
die Kosten aus der Erhebung der Empfangsgebühren und
der für die lokalen und regionalen Veranstalter bestimmte Anteil[502].

---

[499] Müller G., S. 135.
[500] Vgl. vorne III.4.1.2.
[501] In diese Richtung Richli, Fernsehempfangsgebühren, S. 1497.
[502] Art. 17 Abs. 1 RTVG.

Da der Bundesrat die von den Veranstaltern zur Finanzierung der Grundversorgung benötigten Finanzmittel lediglich zu *berücksichtigen* hat, ist er zumindest bei der Festsetzung der Gebührenhöhe nach unten frei. Er kann z.b. eine Gebührenhöhe festlegen, die unter den Bedürfnissen der SRG zur Erfüllung ihres Grundversorgungsauftrags liegt. Fraglich ist jedoch, ob der Bundesrat auch eine Gebührenhöhe bestimmen darf, die insgesamt die Kosten der Grundversorgung übersteigt. Diese Frage ist m.E. zu verneinen. Das Gesetz schreibt zwar an keiner Stelle ausdrücklich vor, dass die Gebühreneinnahmen die Kosten der Grundversorgung nicht übersteigen dürfen. Sinn und Zweck der Rundfunkgebühr ist jedoch die Finanzierung der Grundversorgung. Nur die Garantie der Grundversorgung zur Sicherung der Meinungsfreiheit rechtfertigt es, dass die SRG Gebührengelder erhält und somit gegenüber den anderen Veranstaltern einen finanziellen Vorteil erlangt. Mit der Grundversorgung erschöpft sich gleichzeitig die staatliche Finanzierungspflicht. Eine weitergehende Finanzierung der SRG ist – wie bereits dargelegt[503] – unter dem Gesichtspunkt der Wirtschaftsfreiheit unverhältnismässig. Die Gebührenhöhe darf daher die Kosten der Grundversorgung nicht übersteigen. Der Bundesrat ist somit bei der Festsetzung der Gebührenhöhe an das Kostendeckungsprinzip gebunden.

Freilich darf das Kostendeckungsprinzip nicht dahingehend verstanden werden, dass lediglich die vom einzelnen Rundfunkteilnehmer verursachten Kosten gedeckt werden müssen. Eine dementsprechend detaillierte Erhebung der Konsumentendaten wäre zwar technisch möglich, würde jedoch der Kernidee der Grundversorgung widersprechen, die eine gewisse Solidarität voraussetzt[504]. Der Rezipient deckt mit seiner Rundfunkgebühr die Kosten der Gesamtveranstaltung Rundfunk – unabhängig davon, in welchem Ausmass er von dieser Gebrauch macht.

---

[503] Vgl. vorne III.3.4.2a).

2.1.3 Festsetzungsprozess in Deutschland

a)   Zuständigkeit

In Deutschland ist das Verfahren der Gebührenfestlegung dreistufig. Die Grundzüge dieses Verfahrens hat Bundesverfassungsgericht ausgearbeitet, um die politische Einflussnahme auf die Programmgestaltung über die Gebührenentscheidung zu vermeiden[505]. Da die Rundfunkfinanzierung Ländersache ist, regelt ein Staatsvertrag (Rundfunkfinanzierungsstaatsvertrag) das Verfahren.

Das Verfahren sieht im ersten Schritt vor, dass die öffentlich-rechtlichen Rundfunkanstalten ihren Bedarf anmelden[506]. Private Veranstalter erhalten in Deutschland keine Rundfunkgebühren, weshalb ihr Finanzbedarf für den Festsetzungsprozess irrelevant ist. Im zweiten Schritt überprüft die KEF den von den Rundfunkanstalten angemeldeten Bedarf. Bei der KEF handelt es sich um ein Gremium unabhängiger Sachverständiger. Sie entscheiden über die Vertretbarkeit des von den Rundfunkanstalten angemeldeten Bedarfs[507]. Bei ihrer Entscheidung kommt der KEF ein grosser Beurteilungsspielraum zu[508]. Die Höhe der Rundfunkgebühr wird schliesslich von den Parlamenten der einzelnen Bundesländer beschlossen. Sie dürfen den von der KEF vorgeschlagenen Betrag allerdings lediglich auf seine Zumutbarkeit für die Rundfunkteilnehmer und deren bereits vorhandenen Informationszugang überprüfen[509]. Die endgültige Höhe der Rundfunkgebühr wird per Gesetz festgelegt.

Dieses kooperative Verfahren ist sehr subtil ausgestaltet und reduziert die Gefahr einer politischen Einflussnahme der Exekutive oder Legislative

---

[504] Vgl. vorne III.4.2.1.
[505] Fechner, Rn. 651; Herrmann, S. 341; EBU, S. 12.
[506] § 1 RfinzStV.
[507] § 3 RfinzStV.
[508] Ricker/Schiwy, Rn. 96a zu C.
[509] BVerfGE 90, 60, 104; Ricker/Schiwy, Rn. 96b zu C.

auf die Programmgestaltung der Rundfunkveranstalter über die Gebührenentscheidung auf ein Minimum. Das Bundesverfassungsgericht gab den Ländern neben diesem Verfahren als Alternative auch die Möglichkeit, die Rundfunkgebühr an einen Index (z.B. der Lebenshaltungskosten oder der rundfunkspezifischen Kosten) zu binden[510], wie dies beispielsweise in Grossbritannien der Fall ist[511].

b) Bemessungsregeln

Die öffentlich-rechtlichen Rundfunkanstalten in Deutschland sind mit der Grundversorgung beauftragt. Diese besteht in der Versorgung der Bevölkerung „mit Programmen, die dem klassischen Rundfunkauftrag entsprechen und die technisch für alle empfangbar sind"[512]. Aufgabe der KEF ist es, zu überprüfen, ob die öffentlich-rechtlichen Rundfunkanstalten ihren Leistungsauftrag erfüllen und ob der angemeldete Finanzbedarf zur Erfüllung dieses Leistungsauftrags erforderlich ist (Verhältnismässigkeitsprüfung)[513]. Für Programme ausserhalb der Grundversorgung besteht keine Finanzierungspflicht seitens der Länder[514].

Die öffentlich-rechtlichen Veranstalter sind gehalten, den Leistungsauftrag möglichst wirtschaftlich und sparsam zu erfüllen (Kostenminimierungspflicht). Die Finanzierung hat sich auf das Funktionsnotwendige zu beschränken. Überhöhte Finanzierungswünsche sind bei der Bedarfsfestlegung auf das Erforderliche zu reduzieren[515]. Des Weiteren ist es Aufgabe der öffentlich-rechtlichen Rundfunkanstalten, den publizistischen Wettbewerb zu fördern und damit zur Meinungsvielfalt beizutragen (Si-

---

[510] BVerfGE 90, 60, 102 f.
[511] Hoffmann-Riem, Indexierung, S. 22 ff.; Jarren/Weber/Donges/Dörr/Künzler/Puppis, S. 359.
[512] BVerfGE 74, 297, 325; 87, 181, 199.
[513] BVerfGE 87, 181.
[514] BVerfGE 74, 297.
[515] Ricker/Schiwy, Rn. 93 zu C.

cherung des Informationszugangs reicht aus)[516]. Eine Duplizierung privater Angebote und eine Vereinheitlichung öffentlich-rechtlicher Angebote („more of the same") sind allerdings nicht von der staatlichen Finanzierungsgarantie gedeckt[517].

Nicht zuletzt sind die Rundfunkteilnehmer zu berücksichtigen. Einerseits dürfen sie nur soweit zur Finanzierung der Grundversorgung herangezogen werden, wie dies als geboten erscheint. Dies ist der Fall, wenn die Gebühren ausschliesslich zur Finanzierung der Grundversorgung verwendet werden und die Rundfunkanstalten ihren Leistungsauftrag streng nach den Grundsätzen der Kostenminimierung erfüllen. Andererseits müssen die Gebühren zugleich sozialverträglich sein, damit es sich auch einkommensschwache Menschen leisten können, an der Grundversorgung teilzunehmen (Sozialverträglichkeit)[518].

2.1.4 Eigene Stellungnahme

a)   Staatliche Einflussnahmemöglichkeit

Der Gebührenfestsetzungsprozess ist in der Schweiz weit weniger differenziert ausgestaltet als in Deutschland. Die deutsche Regelung verfolgt das klare Ziel, die Möglichkeit einer Einflussnahme des Staats auf die gebührenfinanzierten Rundfunkanbieter auf ein Minimum zu reduzieren. Ausserdem sind die für die Festsetzung der Gebührenhöhe verantwortlichen Gremien an Berechnungsgrundlagen gebunden. Die Schweizer Regelung hingegen lässt dem Bundesrat bei der Bemessung weitgehend freie Hand. Da die SRG und die übrigen gebührenfinanzierten Anbieter in der Schweiz wesentlich auf die Gebühren angewiesen sind, besteht die Gefahr, dass der Bundesrat die Höhe der Gebühr und damit die Haupt-

---

[516] Ricker/Schiwy, Rn. 95 zu C.
[517] Ricker/Schiwy, Rn. 95 zu C.
[518] Fechner, Rn. 654.

einnahmequelle der betroffenen Veranstalter als Druckmittel benutzen könnte[519]. Dies würde die Unabhängigkeit der Medien vor staatlicher Einflussnahme gefährden[520] und somit im Widerspruch zur Medienfreiheit stehen.

Diese Einflussnahme muss nicht unbedingt aktiv vom Bundesrat ausgehen. Vorstellbar ist durchaus auch, dass die Veranstalter von sich aus ihr Programm und ihre Berichterstattung nach den Vorstellungen des Bundesrats ausrichten, um von einer positiven Grundeinstellung zu profitieren[521]. Vertritt der Bundesrat beispielsweise die Ansicht, dass der Programmauftrag eher in qualitativer Hinsicht zu erfüllen sei, dürfte die Zuschauerakzeptanz eine geringere Rolle spielen. Ist der Bundesrat jedoch der Meinung, dass der Leistungsauftrag in erster Linie bedeute, ein Programm für die Mehrheit der Bevölkerung zu veranstalten, dürften qualitative Aspekte eher in den Hintergrund treten und hauptsächlich die Einschaltquoten als Legitimation herangezogen werden.

Auch wenn eine derartige Beeinflussung bis anhin nicht offensichtlich ist, besteht doch die Gefahr, dass die Rundfunkveranstalter eines Tages in der Programmgestaltung Kompromisse eingehen könnten, um die Gebühreneinnahmen nicht zu gefährden. Deshalb darf es nicht der Exekutive obliegen, die Gebührenhöhe festzusetzen. Auch der Vorschlag, die Kompetenz dazu der Legislative zu übertragen[522], überzeugt m.E. nicht. Die Programmautonomie (als Bestandteil der Medienfreiheit) schützt die Rundfunkveranstalter vor direkter staatlicher Einflussnahme auf die Pro-

---

[519] Weber, Rundfunkfinanzierung, S. 181; Riklin, S. 43 f. und 55; Rostan, S. 193; Dumermuth, Rundfunkrecht, Rn. 258; EBU, S. 11.
[520] Vonlanthen, S. 501; Krummenacher, S. 148 f., wobei dieser nur private Rundfunkveranstalter gefährdet sieht.
[521] Dumermuth, Rundfunkrecht, Rn. 258.
[522] Müller G., S. 135, schlägt vor, den Entscheid über die Gebührenhöhe dem Gesetzgeber zu überlassen.

grammgestaltung[523], womit nicht nur der Bundesrat, sondern auch der Gesetzgeber gemeint ist. Daher sollte – ähnlich wie in Deutschland[524] – ein möglichst unabhängiges resp. staatsfernes Gremium die Gebührenhöhe festlegen.

Der E-RTVG ist in diesem Punkt ungenügend, da er lediglich vorsieht, dass der Bundesrat die Empfehlungen des Preisüberwachers, der Kommission und des Beirats zu *berücksichtigen* hat. An deren Empfehlungen ist er jedoch nicht gebunden. Immerhin soll der Bundesrat abweichende Entscheide öffentlich begründen müssen[525].

Eine andere Möglichkeit bestünde darin, die Gebührenhöhe gänzlich vom Ermessen einer Instanz unabhängig zu gestalten. In Betracht kommt die vom deutschen Bundesverfassungsgericht vorgeschlagene Indexierung der Rundfunkgebühr[526]. Die Rundfunkgebühr könnte beispielsweise an den Landesindex der Konsumentenpreise gebunden werden. Dies würde zu einer deutlichen Objektivierung des Gebührenfestsetzungsprozesses führen[527]. Erfahrungen in England haben gezeigt, dass durch eine Indexierung der Rundfunkgebühr die Gefahr einer Abhängigkeit vom politischen System vermieden wird[528].

Eine Indexierung hätte jedoch den Nachteil, dass sich die Gebührenhöhe im Lauf der Jahre nicht an den tatsächlichen Bedarfszwecken der Grundversorgung, sondern am Indexstand orientieren würde. Anreize zur Kostenminimierung wären dadurch ebenso wenig gegeben wie die Bereitschaft zu teuren Innovationen[529]. Gegner einer Indexierung befürchten

---

[523] Vgl. vorne III.2.5.
[524] Vgl. vorne IV.2.1.3a).
[525] Art. 78 Abs. 3 E-RTVG.
[526] BVerfGE 90, 60 ff. und 102 f.; vgl. Donges/Künzler, S. 15.
[527] Vgl. BVerfGE 90, 60, 103; Kops, S. 3 ff.
[528] Jarren/Weber/Donges/Dörr/Künzler/Puppis, S. 359.
[529] Kollek, S. 155 f.

ausserdem, die Kostenentwicklung im Medienbereich könne vorangetrieben werden[530] oder äussern währungspolitische Bedenken[531]. M.E. überwiegen die negativen Aspekte dieses Ansatzes. Die Einbindung einer unabhängigen Institution in den Gebührenfestsetzungsprozess ist daher einer Indexierung der Rundfunkgebühr vorzuziehen.

b)   Mangelnde Berechnungsregeln

Dem Bundesrat resp. dem in dieser Arbeit vorgeschlagenen unabhängigen Gremium müssten konkrete Bemessungsregeln vorgegeben werden. Insbesondere sollte dem Programmangebot der gebührenfinanzierten Veranstalter bei der Bemessung der Gebührenhöhe eine wesentlich grössere Beachtung geschenkt werden[532]. Dafür müsste ihr Leistungsauftrag hinreichend definiert und somit die Grenze der Gebührenfinanzierung deutlicher gezogen werden[533].

Ein weiteres Kriterium, das in der Schweiz zu wenig Beachtung findet, ist die Zahlungsbereitschaft der Rezipienten[534]. Die Rundfunkgebühr müsste vermehrt auf ihr Verhältnis zu anderen Medienabgaben überprüft werden. Zu denken ist insbesondere an die Kosten für Internet, digitale Plattformen, Kabel, Pay-TV und Mobiltelefon. Eine Untersuchung der SRG im Herbst 1999 ergab, dass rund drei Viertel der Bevölkerung hinter der Gebührenfinanzierung der SRG stehen[535]. Trotzdem besteht mit-

---

[530]   Vgl. Hoffmann-Riem, Indexierung, S. 27.
[531]   Vgl. Schreiben des Vorstands der Deutschen Bank an die Niedersächsische Staatskanzlei vom 1. Februar 1991, abgedruckt in: Hoffmann-Riem (Hrsg.), Indexierung der Rundfunkgebühr: Analysen aus rechts- und wirtschaftswissenschaftlicher Sicht, Baden-Baden 1991, S. 216 ff.
[532]   Weber, Rundfunkfinanzierung, S. 182; Dumermuth, Rundfunkrecht, Rn. 260.
[533]   Vgl. hinten IV.3.3.1.
[534]   Botschaft E-RTVG, S. 51; grundsätzlich Weber, Medienkonzentration, S. 83 f.
[535]   Auf die Frage „Finden Sie es gut, dass es in der Schweiz ein öffentlich-rechtliches Radio und Fernsehen gibt, das unter anderem durch Konzessionsgebühren finanziert wird?" haben in der Deutschschweiz 78 % mit „Ja", 13 % mit „Nein" und 9 % mit „weiss nicht" geantwortet. Die Ergebnisse der Suisse romande: 75 %

telfristig die Möglichkeit, dass sich diese Meinung ändert. Bei der erwähnten Untersuchung stuften immerhin 42 % der Befragten die Gebühren als „zu hoch" ein; die Hälfte hielt sie für „angemessen".

Als Gründe für einen Meinungsumschwung könnte von den Rezipienten unter anderem geltend gemacht werden:

schlechter oder kein Empfang der gebührenfinanzierten Programme;
keine oder seltene Inanspruchnahme gebührenfinanzierter Programme;
Unzufriedenheit mit dem Programmangebot der gebührenfinanzierten Programme (z.B. „zu elitär" oder „more of the same – kein Unterschied zu den Privaten");
mangelndes Interesse an den Programmen der anderen Sprachregionen;
mangelnder Solidaritätsgedanke;
vermehrtes Kosten-Nutzen-Denken („Digitale Plattformen bieten für denselben Preis mehrere Hundert Programme an")[536].

Die Zahlungsbereitschaft der Rezipienten hängt m.E. auch von der Sozialverträglichkeit der Rundfunkgebühr ab[537]. Nach geltendem Recht können sich AHV/IV-Empfänger von den Gebühren befreien lassen[538]. Sollte die Rundfunkgebühr weiter steigen, müssten andere Gruppen wie Sozialhilfeempfänger oder working-poors hinzukommen.

„Ja", 7 % „Nein", 18 % „weiss nicht". Die Ergebnisse in der Svizzera italiana: 71 % „Ja", 13 % „Nein", 16 % „weiss nicht". Befragt wurden im Herbst 1999 insgesamt 3'300 Personen, je 1'250 in der deutschen und französischen sowie 800 in der italienischen Schweiz (SRG, Portrait, S. 5).

[536] Vgl. Eckhardt/Tebert, S. 9.
[537] Vgl. EBU, S. 10.
[538] Vgl. vorne IV.1.3.2.

c) Fehlende Rechtsmittel

Ein weiterer Kritikpunkt ist m.E., dass den vom bundesrätlichen Gebührenentscheid Betroffenen keine Rechtsmittel zur Verfügung stehen, um den Entscheid anzufechten[539]. Dies liegt daran, dass Verordnungen des Bundesrats nicht dem Referendum unterstellt sind[540]. Die Ablehnung einer Gebührenerhöhung oder -senkung könnte allerdings liberale Grundwerte missachten oder sie in der Interessenabwägung zu wenig berücksichtigen[541]. Die Gebührenzahler haben zwar die Möglichkeit, die individuelle Aufforderung, Gebühren zu zahlen, mit Rechtsmitteln anzufechten. Das akzessorische Prüfungsrecht ist jedoch bei unselbstständigen Verordnungen des Bundesrats erheblich eingeschränkt[542].

Die Gebührenzahler müssten daher gegen einen Gebührenentscheid des Bundesrats Rechtsmittel ergreifen können[543]. Sie sind es schliesslich, welche die Grundversorgung zum grössten Teil finanzieren. Neben den Gebührenzahlern sollte jedoch auch den Veranstaltern ein entsprechendes Recht zustehen. Zu denken ist dabei nicht nur an die gebührenfinanzierten Veranstalter, sondern auch an jene, die zwar selbst keine Rundfunkgebühren erhalten, von einer Erhöhung der Gebühreneinnahmen ihrer Konkurrenten jedoch betroffen sind, weil der Gebührenentscheid sie in ihrer Gewerbeausübung beeinträchtigt oder gar ihre Existenz bedroht[544].

---

[539] Grob, S. 283; Dumermuth, Rundfunkrecht, Rn. 260, fordert kein Rechtsmittel, sondern bemerkt, dass bei der Gebührenfestsetzung im Interesse der Autonomie der betroffenen Veranstalter Zurückhaltung geboten ist.
[540] Häfelin/Haller, Rn. 1851.
[541] Weber-Dürler, S. 7, verlangt grundsätzlich den Ausbau der Verfahrensrechte bei der Verweigerung staatlicher Leistungen.
[542] Häfelin/Haller, Rn. 2099.
[543] Gleicher Meinung Grob, S. 283, wobei sie zwischen der SRG und den Lokalveranstaltern differenziert.
[544] Weber-Dürler, S. 7, sieht dieses Problem grundsätzlich für Nichtbegünstigte staatlicher Finanzhilfen.

In Betracht kommt insbesondere, den betroffenen Rechtssubjekten den Weg der Verwaltungsgerichtsbeschwerde ans Bundesgericht einzuräumen[545]. Es wäre jedoch auch denkbar, eine vom Staat unabhängige Beschwerdeinstanz einzurichten. Diese müsste freilich über die notwendigen Kompetenzen verfügen und juristisch legitimiert sein.

2.2 Höhe der Rundfunkgebühr

2.2.1 Entwicklung der Gebührenhöhe in der Schweiz

Grafik 1 zeigt die Gebührenhöhe *nominal* seit 1947. Im Schnitt passte der Bundesrat die Rundfunkgebühr alle vier Jahre an. Von 1960 bis heute hat sich die Gebührenhöhe nominal mehr als vervierfacht.

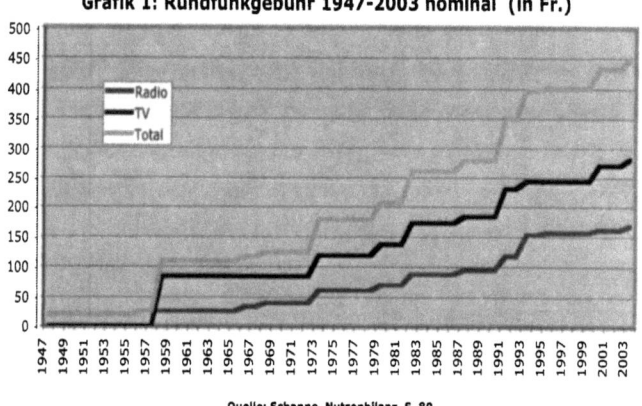

Grafik 1: Rundfunkgebühr 1947-2003 nominal (in Fr.)

Quelle: Schanne, Nutzenbilanz, S. 80.

---

[545] Grob, S. 283.

Ein anderes Bild ergibt sich, wenn man die Gebührenentwicklung – wie in der folgenden Grafik[546] – *real* darstellt. Zur Berechnung der realen Rundfunkgebühr diente der Jahresdurchschnitt des Landesindexes der Konsumentenpreise (Indexstand 1993) als Basis. Bei dieser Betrachtungsweise zeigt sich, dass die Gebührenhöhe in den letzten Jahren real gesehen mehr oder weniger konstant geblieben ist.

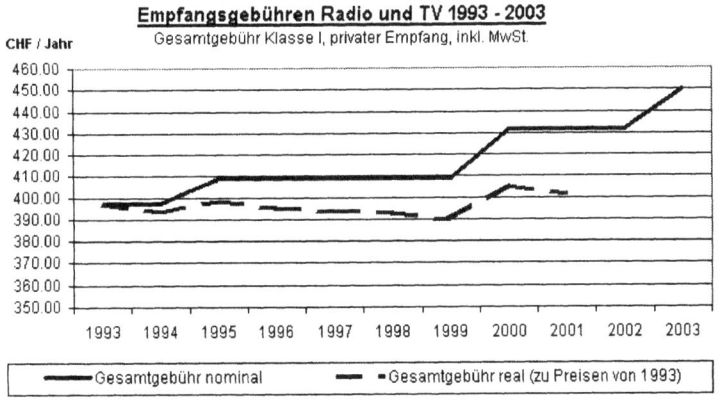

Quelle: SRG, Einnahmen, S. 1.

2.2.2 Europäischer Vergleich

Im Mai 2002 stellte die EBU eine Untersuchung zur Höhe der jährlichen Gebühren für den Radio- und Fernsehempfang in den einzelnen europäischen Ländern vor[547]. Das Ergebnis dieser Studie ist in Grafik 3 dargestellt. Sie zeigt, dass die Rundfunkgebühr in der Schweiz nach Island am höchsten ist:

---

[546] Zahlen und Grafik stammen von SRG, Einnahmen, S. 1.
[547] Zysset, S. 5.

133

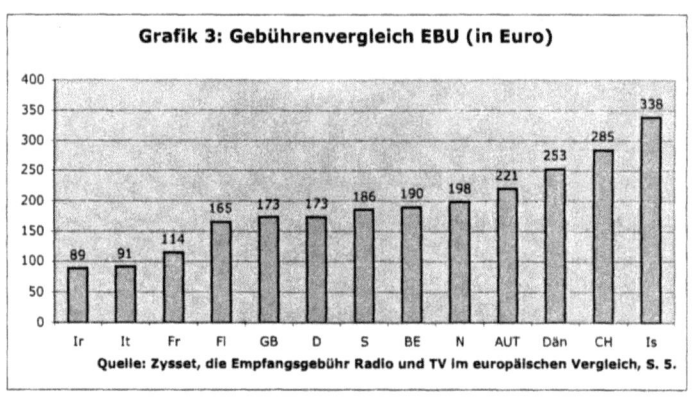

Die Erhebung der EBU führte in der Schweiz zu heftigen Reaktionen[548]. Die SRG informierte daraufhin den Publikumsrat in einem Schreiben, weshalb ihrer Meinung nach die Erhebung in dieser Form nicht aussagekräftig sei[549]. In diesem Schreiben wurde ausgeführt, dass eine Gegenüberstellung der Gebührenhöhe nur dann sinnvoll sei, wenn sie in Verbindung mit der Leistung erfolge, welche die jeweiligen Anbieter erbrächten. Die Gebühren in der Schweiz seien im europäischen Schnitt insbesondere deshalb vergleichsweise hoch, weil

> das Programmangebot der SRG und die Anzahl der Eigenproduktionen sehr gross sei,
> die Bevölkerung der Schweiz sehr klein sei,
> die Programme mehrsprachig angeboten werden müssten,
> der Schweizer Werbemarkt zu klein sei, um mehr Werbeeinnahmen zu erzielen,
> die SRG keine zusätzlichen staatlichen Subventionen erhalte, wie das in anderen Ländern der Fall sei, und
> das nationale Lohnniveau und die Teuerung sich auf die Personalkosten und die terrestrischen Distributionskosten auswirkten.

---

[548] Vgl. Berner Zeitung vom 13. April 2002, S. 60.

Unter Berücksichtigung dieser Argumente kam die SRG zum Schluss, die Schweiz müsse einen Gebührenvergleich mit anderen europäischen Ländern nicht scheuen[550].

2.2.3 Eigene Stellungnahme

Die Erhebung der EBU ist in der Tat nur beschränkt aussagekräftig. Zum einen muss die Rundfunkgebühr im Verhältnis zum Pro-Kopf-Einkommen (BIP) betrachtet werden. Eine Untersuchung der SRG hat gezeigt, dass die Rundfunkgebühr in der Schweiz gemessen am BIP im europäischen Mittelfeld liegt[551]. Zum anderen hängen die Kosten der Grundversorgung vom Programmangebot ab[552]. Insbesondere die Anzahl der Sprachregionen dürfte sich auf die Höhe der Rundfunkgebühr auswirken[553]. In einem einsprachigen Land kann die Grundversorgung in der Regel in *einer* Sprache gewährleistet werden, während in einem drei- oder viersprachigen Land – wie der Schweiz – die Programmangebote in *mehreren* Sprachen erfolgen müssen. Dadurch werden höhere Kosten verursacht.

Ein für die Höhe der Rundfunkgebühr entscheidender Faktor ist ausserdem die Bevölkerungsgrösse. Die Ausgaben für den Rundfunk steigen nicht proportional zur Bevölkerungsgrösse, sondern sind abhängig vom Umfang des Leistungsauftrags. Die Kosten der Finanzierung des Leistungsauftrags teilen sich durch die Anzahl der Rundfunkteilnehmer. Je mehr Personen gebührenpflichtig sind, desto niedriger ist die Gebührenhöhe. Die Schweiz hat im europäischen Vergleich eher wenig Einwoh-

---

[549] Schreiben der SRG an den Publikumsrat vom 4. Juni 2002.
[550] Schreiben der SRG an den Publikumsrat vom 4. Juni 2002.
[551] Zysset, S. 4 f.
[552] Zysset, S. 6 f.
[553] Botschaft E-RTVG, S. 39.

ner, was darauf schliessen lässt, dass die Rundfunkgebühr tendenziell höher ist als in Ländern mit mehr Einwohnern[554].

Die Höhe der Rundfunkgebühr muss überdies im Verhältnis zu anderen Finanzierungsquellen gesehen werden. Insbesondere die Werbeeinnahmen sind in der Schweiz im Vergleich zu anderen Ländern eher gering[555]. Schliesslich dürfen auch die technischen Distributionskosten nicht ausser Acht gelassen werden. Besonders bei der terrestrischen Verbreitung sind die Kosten abhängig von der Anzahl der Sendestationen. Die Schweiz ist zwar ein kleines Land, weshalb eine vergleichsweise kleine Fläche mit Rundfunkprogrammen zu versorgen ist. Diese Tatsache wird jedoch durch den Umstand relativiert, dass die Landschaft sehr hügelig und bergig ist. Für eine flächendeckende Verbreitung sind deshalb deutlich mehr Sendestationen nötig als in einem eher flachen Gebiet.

Berücksichtigt man all diese Faktoren, ist es nicht erstaunlich, dass die Rundfunkgebühr in der Schweiz vergleichsweise hoch ist. Trotzdem sollte die Erhebung der EBU Anlass genug sein, sich über die Gebührenhöhe Gedanken zu machen. Es stellt sich insbesondere die Frage, ob die Grundversorgung nicht kostengünstiger erbracht werden könnte.

3. Einsatz der Rundfunkgebühr

3.1 SRG

3.1.1 Gebührenanteil der SRG

Die SRG erhält die Gebühreneinnahmen abzüglich der in Art. 17 Abs. 1 lit. a-c RTVG genannten Kosten. Darunter befindet sich auch der Anteil

---

[554] Botschaft E-RTVG, S. 39.

der lokalen Veranstalter (Gebührensplitting)⁵⁵⁶. Die SRG ist bei der Verwendung der Gebührengelder nicht zweckgebunden. Ihre Aufgabe ist es, die Grundversorgung zu gewährleisten. Über eine anderweitige Verwendung der Mittel – z.B. für kommerzielle Aktivitäten – schreibt das RTVG nichts vor⁵⁵⁷. Das Gebührenvolumen beträgt zurzeit rund 1.15 Milliarden Franken⁵⁵⁸. Dieser Betrag wird folgendermassen verteilt (s. Grafik 4): 1.08 Milliarden Franken (ca. 94 %) gehen an die SRG. Der Anteil für das Gebührensplitting beträgt 11 Millionen (ca. 1 %). Das BAKOM erhält 13 Millionen Franken (ca. 1 %) für die Frequenzverwaltung und die Verfolgung der Schwarzhörer und -seher. Weitere 44 Millionen Franken (ca. 4 %) gehen an die Inkassostelle (Billag AG) für die Erhebung der Rundfunkgebühr.

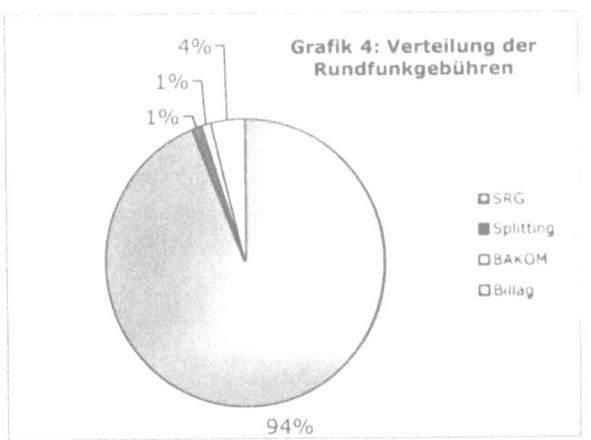

Quelle: http://www.bakom.ch/de/radio_tv/gebuehren/allgemeines/index.html.

---

⁵⁵⁵   Zysset, S. 5 f.; Botschaft E-RTVG, S. 39.
⁵⁵⁶   Vgl. hinten IV.3.2.
⁵⁵⁷   Weber, Rundfunkfinanzierung, S. 183.
⁵⁵⁸   http://www.bakom.ch/de/radio_tv/gebuehren/allgemeines/index.html.

3.1.2 Finanzausgleich

Die Gebühren- und Werbeeinnahmen der einzelnen Sprachregionen reichen mit Ausnahme der Deutschschweiz nicht aus, um den Programmauftrag, wie ihn die SRG versteht, zu erfüllen. Die Gesamteinnahmen der SRG werden deshalb umverteilt (sog. Finanzausgleich)[559]. Die folgende Tabelle[560] zeigt den Finanzausgleich, der sich zu Gunsten der französischen, italienischen und rätoromanischen Schweiz auswirkt.

	DS & RR	FS	SI
Einwohner Schweiz	74.9 %	20.9 %	4.2 %
Konzessionen Radio	73.3 %	23.0 %	3.7 %
Konzessionen TV	72.3 %	23.6 %	4.1 %
Einnahmen SRG	71.0 %	24.9 %	4.1 %
Mittelzuweisung	45.4 %	32.4 %	22.2 %

Zwei Drittel der Einnahmen der SRG stammen aus der Deutschschweiz. Über ein Drittel dieser Einnahmen – d.h. über ein Viertel der Gesamteinnahmen – verteilen sich auf die anderen Sprachregionen. Trotz des Finanzausgleichs stehen dem Radio und Fernsehen der französischen und dem der italienischen Schweiz deutlich weniger Mittel als Radio und Fernsehen DRS zur Verfügung. Begründet wird dies damit, dass das Budget der Deutschschweiz höher sein müsse, um in dieser Region die Position als Marktleader zu halten und die nötigen Einnahmen zu generieren[561]. In der nächsten Tabelle wird der Vergleich der Sprachregionen mit den produzierten Programmstunden der SRG dargestellt[562].

---

[559] Vgl. Haas, S. 55 ff.; zum Finanzausgleich zwischen den Rundfunkanstalten in Deutschland vgl. Lohbeck, S. 124 f.
[560] Haas, S. 58; vgl. auch Schanne, S. 45.
[561] Haas, S. 56.
[562] Haas, S. 58; vgl. auch Schanne, S. 45.

	DS & RR	FS	SI
Programmstunden Radio	41.8 %	36.3 %	21.9 %
Programmstunden TV	34.9 %	41.4 %	23.7 %
Mittelzuweisung	45.4 %	32.4 %	22.2 %

Die obige Tabelle zeigt, dass das quantitative Programmangebot (Anzahl Programmstunden) in den verschiedenen Sprachregionen unterschiedlich ist. Dies führt zu einer Benachteiligung der Rundfunkrezipienten derjenigen Regionen, die sich mit weniger Programmstunden in ihrer Landessprache begnügen müssen. Überdies wird aus der Tabelle ersichtlich, dass den französisch- und italienischsprachigen Programmmachern zwar deutlich weniger Mittel zur Verfügung stehen, sie jedoch verhältnismässig mehr Programmstunden produzieren und ihren Programmauftrag somit kostengünstiger als Radio und Fernsehen DRS erfüllen.

Der Finanzausgleich ist ein wesentlicher Beitrag zur Solidarität zwischen den verschiedenen Landes- und Sprachregionen der Schweiz. Fraglich ist allerdings, weshalb die Erfüllung eines identischen Programmauftrags in der welschen und der italienischen Schweiz deutlich weniger kostet als in der Deutschschweiz. M.E. sollte jeder Sprachregion zur Erfüllung ihres Service Public-Auftrags in etwa derselbe Betrag zugewiesen werden (freilich unter Berücksichtigung der unterschiedlichen technischen Distributionskosten). Auf diese Weise würde dem Solidaritätsgedanken mehr Rechnung getragen und die Bewohner sämtlicher Landesteile könnten – zumindest aus quantitativer Sicht – von einem vergleichbaren Programmangebot profitieren.

3.1.3 Quantitativer Einsatz

Der quantitative Bestandteil des Leistungsauftrags umfasst zwei Komponenten. Die erste besteht darin, Radio- und Fernsehprogramme für die verschiedenen Landesteile zu produzieren. Dies bedingt die Veranstaltung von Programmen in allen vier Landessprachen. Die SRG erfüllt diesen Aspekt des Leistungsauftrags. Sie verbreitet gegenwärtig 18 Radioprogramme[563] und sieben Fernsehprogramme[564]. Hinzu kommt die Programmmitgestaltung bei drei Fernsehsendern[565]. Dabei werden sämtliche Landessprachen berücksichtigt. Alle Programme, die in einer bestimmten Sprache produziert werden, sind zumindest in der jeweiligen Sprachregion zu empfangen.

Die zweite quantitative Komponente des Leistungsauftrags schreibt vor, Programme in den anderen Landesteilen zu verbreiten. Dieser Anforderung wird die SRG gerecht, indem sie ihre ersten Programme in den anderen Sprachregionen verbreitet. Die Vollkosten dafür sind aus der folgenden Tabelle ersichtlich[566]. Die Zahlen sind Frankenbeträge.

SF DRS 1	6'050'000.--
TSR 1	13'800'000.--
TSI 1	13'300'000.--
DRS 1	2'350'000.--
RSR 1	2'100'000.--
RSI 1	2'000'000.--
RR	150'000.--
Total	**39'750'000.--**

---

[563] DRS 1, DRS 2, DRS 3, Musigwälle 531, Virus, Rete 1, Rete 2, Rete 3, Radio Rumantsch, La Première, Espace 2, Couleur 3, OptionMusique, SRI International, SRI English, Swiss Pop, Swiss Culture and Jazz und Swiss Classic; vgl. Haas, S. 8 f.
[564] SF 1, SF 2, SF Info, TSR 1, TSR 2, TSI 1 und TSl 2; vgl. Haas, S. 10 f.
[565] 3 Sat, TV 5 und Arte.

Die Kosten von rund 40 Millionen Franken müssen im Verhältnis zum Marktanteil dieser Programme betrachtet werden. Der Marktanteil der in den anderen Sprachregionen verbreiteten Programme beträgt ca. 2 %[567]. Gerade im UKW-Bereich werden durch die Sprachverbreitung Frequenzen belegt, die unter Umständen von anderen Anbietern genutzt werden könnten.

Der Programmauftrag der SRG sagt nichts darüber aus, wie viel Programmstunden resp. Programme benötigt werden, damit die Grundversorgung gewährleistet ist. Auffällig ist, dass die SRG heute ein Vielfaches an Programmstunden im Vergleich zu früher produziert. Dies ist aus der folgenden Tabelle ersichtlich, die den Zeitraum von 1980 bis 2001 dokumentiert.

Jahr	Programmstunden Radio[568]	Programmstunden TV[569]
1980	38'064	9'262
1985	61'606	12'865
1990	78'004	16'607
1995	83'468	38'767
1999	109'201	55'764
2001	120'629[570]	55'086[571]

Es stellt sich die Frage, wie diese massive Zunahme an produzierten Programmstunden gedeutet werden muss. Entweder hängt sie mit der Ver-

---

[566] Schanne, S. 45.
[567] Haas, S. 47.
[568] Zahlen (ausser 2001): Schanne, S. 64.
[569] Zahlen (ausser 2001): Schanne, S. 66.
[570] Haas, S. 8.
[571] Haas, S. 11.

änderung der Medienlandschaft resp. der zunehmenden Verspartung und dem steigenden Konkurrenzdruck zusammen[572], oder aber die SRG produziert heute ein Vielfaches von dem, was benötigt würde, um die Grundversorgung zu gewährleisten.

3.1.4 Qualitativer Einsatz

Es ist grundsätzlich nicht Aufgabe einer juristischen Arbeit, die Qualität des Programms der SRG zu beurteilen. Die SRG ist jedoch gebührenfinanziert und hat einen Programmauftrag zu erfüllen, der im RTVG verankert ist. Es ist daher zu überprüfen, ob die SRG ihren gesetzlichen Pflichten nachkommt. Dabei handelt es sich sehr wohl um eine juristische Angelegenheit. Im Unterschied zu anderen Gebieten – wie z.B. der Telekommunikation – ist allerdings der qualitative Aspekt des Leistungsauftrags um einiges schwieriger zu untersuchen[573]. Begriffe wie „Kultur", „Förderung der Meinungsvielfalt" und „Vielfalt des Landes" sind offen und können nicht abschliessend definiert werden[574].

Die Problematik in diesem Zusammenhang besteht jedoch nicht allein in der Abstraktheit der Definition, sondern auch in der Kontrolle der praktischen Ausgestaltung des Programmauftrags[575]. Bislang ist es die SRG selbst, die ihren Programmauftrag konkretisiert und auch beurteilt, ob sie ihn erfüllt[576]. Schenkt man den eigenen Angaben der SRG Glauben, sorgt sie in ihren Programmen für ein umfangreiches und umfassendes Unterhaltungs-, Bildungs-, Kultur- und Informationsangebot und erfüllt somit den Programmauftrag in qualitativer Hinsicht[577]. Aus den offiziellen Publikationen der SRG ist jedoch nicht ersichtlich, wie und in

---

[572] Vgl. Haas, S. 8.
[573] Botschaft E-RTVG, S. 36.
[574] Botschaft E-RTVG, S. 37.
[575] Botschaft E-RTVG, S. 37.
[576] Botschaft E-RTVG, S. 37.
[577] Vgl. Haas, S. 23 ff.; Schanne, S. 9 ff.

welchem Umfang die Gebührengelder zur Erfüllung des Leistungsauftrags genutzt werden.

Untersuchungen haben ergeben, dass 1998 lediglich 40 % der TV-Programme der SRG zum Kernbereich des Service Public zählten, während rund 30 % der Programme auch für private Sender geeignet gewesen wären[578]. Die Gewichtung beim Radio war ähnlich. Aus neueren Zahlen geht ausserdem hervor, dass sich die Programminhalte der letzten 20 Jahre prozentuell gesehen in Richtung Unterhaltung bewegt haben[579]. Während dabei der Anteil der Information beim Fernsehen mehr oder weniger konstant blieb, sank er beim Radio um fast die Hälfte.

Sicherlich hängen die Zunahme der unterhaltenden Programme sowie die Nivellierung der Programmangebote der SRG mit denjenigen der privaten Anbieter damit zusammen, dass sich Funktion und Bedeutung der elektronischen Medien in den letzten Jahren verändert haben. Damit ist jedoch nicht geklärt, ob es die Aufgabe eines gebührenfinanzierten Senders ist, überwiegend unterhaltende Programme zu senden. Zur Beantwortung dieser Frage muss zwischen der Finanzierung und der Veranstaltung solcher Programme differenziert werden. Freilich darf es einem Service Public-Veranstalter nicht verwehrt werden, massenattraktive Programme zu veranstalten. Eine solche Beschränkung würde zu einem Verlust an Publikumsresonanz und somit einer Marginalisierung des Senders führen[580]. Legt man den Unterhaltungsauftrag allerdings eher restriktiv aus[581], dürfen unterhaltende Programme nur durch Rundfunkgebühren finanziert werden, wenn sie in einem unmittelbaren Zusammenhang mit dem Meinungsbildungsprozess und der Demokratie stehen.

---

[578] Weber, Rundfunkfinanzierung, S. 52.
[579] Haas, S. 17; Schanne, S. 64 ff.
[580] Beck/Münger, S. 251; Weber, Regulierung, S. 203.
[581] Vgl. vorne III.2.4.

3.2 Private Veranstalter

3.2.1 Gebührensplitting

Private lokale Veranstalter erhalten einen Anteil an den Radio- und Fernsehempfangsgebühren (Gebührensplitting), wenn sie in ihrem Sendegebiet nicht über ausreichende Finanzierungsmöglichkeiten verfügen und ein besonderes öffentliches Interesse an ihrem Programm besteht[582]. Die Gesuche von Fernsehveranstaltern werden in der Praxis zurückhaltender als diejenigen von Radioveranstaltern behandelt, was mit dem Willen des Gesetzgebers begründet wird[583]. Das BAKOM bestimmt den Anteil, den ein privater Veranstalter erhält[584]. Dessen finanzielle Möglichkeiten werden als ausreichend bewertet, wenn das Einzugsgebiet mindestens 150'000 Einwohner über 15 Jahre zählt[585]. Ausnahmsweise erhalten auch Veranstalter in grösseren Regionen Gebührenanteile, wenn sie entweder zwei Programme in verschiedenen Sprachen veranstalten, werbefrei oder zum grössten Teil in Berg- und Randgebieten senden[586]. Ein besonderes öffentliches Interesse an einem Programm besteht dann, wenn es einen lokalen Beitrag zur Grundversorgung leistet und mehrheitlich eigenständig produziert ist[587].

Da sich das Gebührensplitting in einem für die SRG erträglichen Rahmen bewegen soll, liegt die obere Grenze des Gebührenanteils der privaten Veranstalter bei etwa 2 % des Gebührenaufkommens. Anfangs der Neunzigerjahre betrug dieses rund 600 Millionen Franken[588]. Der Anteil der privaten Veranstalter machte damals zwölf Millionen Franken aus[589]. In

---

[582] Art. 17 Abs. 2 RTVG.
[583] Vgl. BAKOM, Wegleitung TV, S. 1.
[584] Vgl. Ackeret, S. 72.
[585] Art. 10 Abs. 3 RTVV.
[586] BAKOM, Wegleitung Radio, S. 3; BBl 1987 III 734.
[587] Art. 10 Abs. 4 RTVV.
[588] BBl 1987 III 722.
[589] BBl 1987 III 722.

den folgenden Jahren stieg der Gebührenertrag auf gegenwärtig über eine Milliarde Franken[590]. Der Anteil der privaten Veranstalter ist mit rund zehn Millionen Franken mehr oder weniger konstant geblieben resp. prozentuell gesehen sogar gesunken.

Der E-RTVG hält am Grundsatz des Gebührensplittings fest[591]. Neu ist, dass der Erhalt von Gebührengeldern an einen konkreten Beitrag zur Grundversorgung geknüpft wird („Service Public Régional"). Den Gesamtanteil der privaten Veranstalter soll der Bundesrat festlegen. Insgesamt dürfen nicht mehr als 4 % des Gebührenaufkommens für die Finanzierung privater Veranstalter verwendet werden[592]. Die Aufschlüsselung der Verteilung der Gebührengelder für lokale Veranstalter nimmt nach der Konzeption des E-RTVG künftig die Kommission vor[593]. Bei der Ausschreibung der Konzessionen mit Gebührenanteil ist vorgesehen, dass das Subventionsgesetz zur Anwendung kommt[594].

Die Gebührenfinanzierung privater Anbieter ist in anderen Ländern Europas nicht vorgesehen[595]. Dies hängt m.E. überwiegend mit dem Vorhandensein eines dualen Systems zusammen. In Deutschland schliesst z.B. der Rundfunkstaatsvertrag einen Gebührenanteil privater Veranstalter ausdrücklich aus[596]. Von dieser Regelung sind offene Kanäle sowie nichtkommerzielle lokale und regionale Anbieter ausgenommen[597]. In der Praxis hat diese Bestimmung allerdings kaum Bedeutung[598]. In Flan-

---

[590] Vgl. NZZ am Sonntag vom 20. Oktober 2002, S. 1; BaZ vom 8. Februar 2000, S. 9.
[591] Vgl. vorne II.4.4.
[592] Art. 50 Abs. 1 E-RTVG.
[593] Art. 50 Abs. 3 E-RTVG.
[594] SR 616.1.
[595] Donges/Künzler, S. 15; zum Stand und der Entwicklung der Rundfunkfinanzierung im Ausland vgl. Weber, Finanzierung, S. 59 ff.
[596] § 43 RStV.
[597] § 40 RStV.
[598] Vgl. Hahn/Vesting/Merten, Rn. 14 und 16 zu § 40 RStV.

dern unterstützt der Staat regionale Fernsehveranstalter mit Direktzahlungen[599]. Die Finanzierung privater Rundfunkunternehmen mit öffentlichen Geldern bewegt sich angesichts der EU-Beihilferegelung[600] grundsätzlich auf dünnem Eis. Meist dürfte bereits ein anderer Veranstalter mit der Grundversorgung beauftragt sein[601], was zur Folge hat, dass dem Erfordernis der Verhältnismässigkeit nicht Rechnung getragen wird[602]. Insgesamt betrachtet kann davon ausgegangen werden, dass angesichts der geltenden Bestimmungen (insbes. Art. 87 EGV) die Gebührenfinanzierung privater Veranstalter in Europa auch künftig keine bedeutende Rolle spielen wird.

In Anbetracht dieser Tatsache erstaunt es nicht, dass das Gebührensplitting in der Schweiz umstritten ist. Kritiker machen darauf aufmerksam, dass es zu einer unzulässigen Wettbewerbsverzerrung führen könne und die Gefahr einer staatlichen Beeinflussung mit sich bringe[603]. Befürworter argumentieren, dass ein grosser Teil der privaten Anbieter ohne staatliche Unterstützung nicht in der Lage seien, weiter zu existieren[604]. M.E. ist es in erster Linie die monopolähnliche Stellung der SRG[605], die den wirtschaftlichen Fortbestand der privaten Medienunternehmen gefährdet. Daher sollten primär die Wettbewerbsbedingungen verbessert werden. Das Gebührensplitting mit seinen möglichen Auswirkungen auf den Wettbewerb stellt lediglich eine ultima ratio dar. Kann nicht darauf verzichtet werden, sollte den betroffenen Veranstaltern – wie im E-RTVG

---

[599] Art. 51 ff. und Art. 60 Moniteur Belge, 30. Mai 1995 und Moniteur Belge, 31. Oktober 1995 (konsolidierte Dekrete).
[600] Zur Beihilfeproblematik vgl. hinten IV.5.
[601] Vgl. in Flandern: Art. 8 Moniteur Belge, 30. Mai 1995 und Moniteur Belge, 31. Oktober 1995 (konsolidierte Dekrete); vgl. Weber, Finanzierung, S. 128 f.
[602] Vgl. vorne III.3.4.2c).
[603] Vgl. Weber, Gebührensplitting, S. 71 f.; zum Wettbewerbsvorteil eines staatlich finanzierten Marktteilnehmers vgl. vorne III.3.4.2a); zur Gefahr staatlicher Einflussnahme vgl. vorne IV.2.1.4a).
[604] Vgl. Lombardi, S. 74.
[605] Vgl. vorne I.

vorgeschlagen – ausdrücklich ein Service Public Régional-Auftrag erteilt werden. Im Gegenzug müsste der SRG die Veranstaltung lokaler Programme verboten werden, will man das Verhältnismässigkeitsprinzip wahren[606]. Angesichts der Beliebtheit der DRS-Regionaljournale bei den Politikern ist diese Forderung allerdings wohl kaum realistisch.

3.2.2 Berechnungsgrundlage

Der maximale Anteil an Gebührengeldern beträgt bei kommerziellen Veranstaltern ein Viertel und bei werbefreien Veranstaltern die Hälfte der Betriebskosten[607]. Die Gebührenanteile werden jedes Jahr neu berechnet. Für die Verteilung der Gebührensplittinggelder ist das BAKOM verantwortlich. Von 1993 bis 2000 wurden die Anteile der Veranstalter aufgrund verschiedener Kriterien wie Verbreitungskosten, Programmleistung und Standortnachteilen berechnet[608]. Seit 2000 ist ein neues Berechnungssystem in Kraft, das dem Beitrag der Programmschaffenden und den Anstrengungen der Veranstalter im Bereich Aus- und Weiterbildung sowie der Organisation vermehrt Beachtung schenkt[609].

3.2.3 Leistungsempfänger

Der Umfang des Gebührensplittings ist seit mehreren Jahren konstant[610]. 2001 erhielten die privaten Veranstalter rund elf Millionen Franken. Die folgenden beiden Tabellen zeigen, wie die Radio- und Fernsehempfangsgebühren im Jahr 2001 unter den privaten Veranstaltern verteilt wurden[611]. Die Anteile der einzelnen Veranstalter haben sich mit der Einfüh-

---

[606] Vgl. vorne III.3.4.2c).
[607] Art. 10 Abs. 2 RTVV.
[608] Vgl. Ackeret, S. 72.
[609] BAKOM, Wegleitung Radio, S. 2.
[610] Zu den Jahren 1995 und 1996 vgl. Ackeret S. 73 f.
[611] Die Zahlen erhielt ich auf Anfrage am 22. April 2003 per E-mail vom BAKOM.

rung des neuen Berechnungssystems leicht zugunsten der welschen Lokalveranstalter verschoben[612].

Radio-Veranstalter	Betrag in Fr.
Radio 3iii	171'801.--
Radio BeO	413'734.--
Radio Canal 3	399'400.--
Radio Central	370'944.--
Radio Chablais	317'146.--
Radio Emme	269'001.--
Fréquence Jura	398'168.--
Radio Fribourg	397'000.--
Radio Grischa	481'344.--
Radio Jura Bernois	259'183.--
Radio Munot	275'300.--
Radio Piz	232'939.--
Radio Rhône	263'680.--
Radio Ri	278'789.--
Radio Rottu	322'358.--
RTN 2001	395'393.--
Radio Ticino	236'500.--
Radio 3-fach	98'682.--
Radio Cité	181'985.--
Kanal K	212'992.--
Radio LoRa	260'427.--
Radio RaBe	167'990.--
Radio RaSA	85'234.--
Total	*6'489'990.--*

---

[612] Diese Information erhielt ich auf Anfrage am 23. April 2003 mündlich von Martin Mürner, Vize-Präsident des Verbands Schweizer Privatradios (VSP).

TV-Veranstalter	Betrag in Fr.
Schaffhausen TV	253'040.--
Tele Bielingue	363'969.--
Canal Alpha+	604'343.--
ICI Television	475'521.--
TV locale Lausanne	255'317.--
Sierre Canal 9	610'930.--
Tele Ticino	921'500.--
Loly Lyss	37'344.--
Canal NV	144'910.--
Tele Stein	18'407.--
Arolfinger TV	25'531.--
Tele D	22'800.--
Tamina aktuell	24'938.--
Steckborn TV	9'809.--
Intro TV	434'468.--
Tele Südostschweiz	477'367.--
Total	**4'680'194.--**

3.2.4 Einsatz der Gebührensplittinggelder

Die Veranstalter müssen in ihrem konzessionierten Gebiet einen Leistungsauftrag erfüllen, der in ihren Konzessionen konkretisiert wird. Dabei übernehmen sie eine Service Public Régional-Funktion. Nach der Konzeption des RTVG gewährleistet allerdings bereits die SRG die Grundversorgung in vollem Umfang[613]. Diese Ungereimtheit wurde im Lauf der Jahre als stossend empfunden, weshalb der E-RTVG vorsieht, die Leistungen der Lokalveranstalter aufzuwerten und ihnen einen eindeutigen Service Public Régional-Auftrag zu erteilen[614]. Das BAKOM kontrolliert, ob die Veranstalter die Voraussetzungen des Gebührensplittings erfüllen, nicht jedoch, ob sie auch ihren Leistungsauftrag wahrnehmen. Eine Zweckbindung der Gebührengelder ist – wie bei der SRG – nicht vorgesehen. Zahlen, die über die genaue Verwendung der Gebührengelder bei den einzelnen Empfängern Auskunft geben, gibt es keine.

3.3 Eigene Stellungnahme

3.3.1 Keine Zweckbindung

Die Gebührenempfänger sind bei der Verwendung der Gebühreneinnahmen nicht zweckgebunden. Das Gesetz schreibt der SRG als Hauptempfängerin zwar vor, dass sie einen Leistungsauftrag zu erbringen hat. Die Verwendung der Gebührengelder für Aktivitäten, die nicht zur Grundversorgung gehören, schliessen aber weder das Gesetz noch die Konzession der SRG ausdrücklich aus. Dies ist aus wettbewerbsrechtlicher Sicht bedenklich. Insbesondere die Problematik von Quersubventionierungen wird m.E. im Rundfunkbereich – im Gegensatz zum Telekommunikationsbereich – unterschätzt. Die Wettbewerbskommission untersuchte bislang lediglich die Zusammenarbeit von „Kassensturz" mit der Zeitschrift „Saldo", wobei sie zum Schluss kam, dass keine Anzeichen einer Quersubventionierung erkennbar seien[615]. Keine grosse Beachtung fanden bisher die kommerziellen Aktivitäten der SRG-Tochtergesellschaften, wie z.B. Publica Data AG oder TPC (TV Produktionscenter Zürich

---

[613] Art. 26 f. RTVG.
[614] Vgl. vorne II.4.4.
[615] Wettbewerbskommission, Recht und Politik des Wettbewerbs 2000/1, S. 11.

AG)[616]. Sie könnten Gebührengelder zur Erbringung kommerzieller Leistungen an private Veranstalter einsetzen und sich somit bei der Preisgestaltung einen Wettbewerbsvorteil gegenüber ihrer Konkurrenz verschaffen. Ähnliches ist bei Programmleistungen der SRG an Privatsender denkbar, wie z.B. Wetterprognosen und -moderationen, welche die SRG für diverse Lokalradios erbringt. Erwähnt werden müssen in diesem Zusammenhang auch Presse TV[617] und die Online-Aktivitäten der SRG[618]. Zwar dürfte in gewissen Fällen das Kartellrecht durchaus anwendbar sein, doch müssen bei Tätigkeiten der SRG ausserhalb der Grundversorgung nicht zwangsläufig kartellrechtlich relevante Wettbewerbsbehinderungen entstehen[619].

Die Lücke zwischen Kartellrecht und RTVG gilt es zu schliessen. Lediglich die mit der Grundversorgung in Zusammenhang stehenden Programme sollten durch Gebühren finanziert werden dürfen[620]. Weitergehende Aktivitäten, die in der Regel kommerzieller Natur sind, rechtfertigen – wie bereits dargelegt[621] – keinen derartigen Eingriff in die Wirtschaftsfreiheit. Die Gebührenfinanzierung eines Veranstalters ist daher nur verhältnismässig, wenn die Gebühreneinnahmen die Nettokosten seines Leistungsauftrags nicht übersteigen[622].

---

[616] Im Zusammenhang mit den Aktivitäten der Firma TPC wurde unterdessen beim BAKOM und der Wettbewerbskommission Anzeige erstattet, vgl. dazu TA vom 17. September 2003, S. 8.

[617] Vgl. vorne I.

[618] Weber, Regulierung, S. 204, verlangt eine Zweckbindung der Online-Angebote.

[619] Vgl. Wettbewerbskommission, Recht und Politik des Wettbewerbs 2000/1, S. 8.

[620] Weber, Rundfunkfinanzierung, S. 184, erachtet die Finanzierung von Programmangeboten, die nicht zur Grundversorgung gehören, unter wettbewerbsrechtlichen Gesichtspunkten als nicht unproblematisch.

[621] Vgl. vorne III.3.4.2.

[622] Zu den Ausführungen der EU-Kommission zum Verhältnismässigkeitsprinzip vgl. Mitteilung der Kommission über die Anwendung der Vorschriften über staatliche Beihilfen auf den öffentlichen Rundfunk, ABl 2001 C 320/11 vom 15. November 2001.

Eine Zweckbindung der Gebührengelder könnte sich unter Umständen auf die Gebührenhöhe auswirken. Veranstalter, die bislang Gebühren für Aktivitäten ausserhalb der Grundversorgung eingesetzt haben, müssten dafür neue Finanzierungswege (z.B. Werbung, Sponsoring oder Pay-TV) suchen. Dies hätte zur Folge, dass sie weniger Gebührengelder beanspruchen würden. Dadurch könnte die Rundfunkgebühr gesenkt werden.

Es ist fraglich, ob ein abstrakt definierter Leistungsauftrag überhaupt eine sinnvolle Diskussion über die zweckmässige Verwendung von Gebührengeldern ermöglicht, da der Definitionsspielraum zu gross ist. Im Vorfeld der laufenden RTVG-Revision kam deshalb das Modell der Produzentenfinanzierung zur Sprache. Vorgeschlagen wurde die Einrichtung eines Fonds, der aus den Rundfunkgebühren, einem Anteil der Veranstalter (z.B. an den Werbeeinnahmen) sowie staatlichen Mitteln gespeist werden sollte[623]. Aus diesem Fonds wären nicht einzelne Veranstalter, sondern die Produzenten von Programmen der Grundversorgung finanziert worden. Der Bundesrat verwarf diesen Vorschlag, ohne sich allerdings eingehender damit auseinandergesetzt zu haben[624].

Erste Erfahrungen mit einer ähnlichen Variante der Produzentenfinanzierung hat Neuseeland gesammelt[625]. Die staatliche Behörde unterstützt nicht Veranstalter, sondern Programmproduktionen, die einen Beitrag zur Grundversorgung leisten und nicht mit anderen Finanzmitteln realisiert werden können[626]. Im Vordergrund stehen Produktionen, welche die Kultur und Identität Neuseelands reflektieren[627]. Kritiker der Produzentenfinanzierung in Neuseeland bemängeln, dass die erwähnten Programme überwiegend in Randzeiten und nicht in der Prime-Time ausge-

---

[623] Weber, Rundfunkfinanzierung. S. 202 ff.
[624] Vgl. vorne II.4.1.
[625] Donges/Künzler, S. 15.
[626] Art. 35 ff. Broadcasting Act 1989; vgl. dazu Jarren/Donges, S. 175; Weber, Rundfunkfinanzierung, S. 199.

strahlt würden[628]. M.E. handelt es sich dabei nicht um ein explizites Problem der Produzentenfinanzierung, sondern der Tatsache, dass Veranstalter – unabhängig von der Finanzierungsart – bei der Programmierung ihrer Sender aus kommerziellen Überlegungen in der Prime-Time ein massenattraktives Programm einer Kulturproduktion vorziehen. Um dies zu vermeiden, wären entsprechende Auflagen notwendig[629]. Das Beispiel Neuseeland veranschaulicht hingegen, dass auch nach der Abschaffung der Rundfunkgebühr im Jahr 2000 mit der Produzentenfinanzierung die Grundversorgung gewährleistet ist[630]. Insofern dürfte die Produzentenfinanzierung allerspätestens bei der nächsten RTVG-Revision wieder ein Thema sein.

3.3.2 Fehlender Kontrollmechanismus

Ein weiterer Schwachpunkt des Rundfunkgebührensystems in der Schweiz ist die mangelnde Überprüfung hinsichtlich Wirkung und Ziel des Gebühreneinsatzes. Die Unabhängige Beschwerdeinstanz (UBI) ist für Beschwerden zuständig, die bemängeln, dass einzelne Sendungen die Mindestanforderungen verletzen. Dem Publikumsrat der SRG fehlt die notwendige Professionalität. Überdies wird er in der Öffentlichkeit als Organ der SRG wahrgenommen[631]. Das UVEK überprüft lediglich, ob die SRG dem Gebot der Wirtschaftlichkeit nachkommt. Es gibt somit keine Instanz, die untersucht, ob die Gebührenempfänger ihre Leistungsaufträge erfüllen und die Gebührengelder zweckmässig eingesetzt werden.

Der E-RTVG sieht deshalb vor, dass künftig ein Beirat die Programmaktivitäten der SRG überwachen und auf ihren Auftrag hin überprüfen

---

[627] Art. 36 Broadcasting Act 1989.
[628] Jarren/Donges, S. 176.
[629] In diese Richtung Weber, Rundfunkfinanzierung, S. 199.
[630] Vgl. NZ On Air, S. 2 ff.

soll[632]. Dabei handelt es sich jedoch nicht um eine juristische Aufsichtsinstanz mit Weisungsrecht und Sanktionsbefugnis[633], sondern um ein externes, repräsentatives und unabhängiges Gremium, das einen gesellschaftlichen Diskurs über den Service Public in Gang setzen soll[634]. Für die privaten Gebührenempfänger sieht der E-RTVG eine weit stärkere Überwachung vor. Die Kommission soll kontrollieren, ob die Veranstalter ihren Leistungsauftrag erfüllen. Ist dies nach Ansicht der Kommission nicht der Fall, kann sie Massnahmen anordnen, die von der Herabsetzung des Gebührenanteils bis zum Entzug der Konzession reichen[635]. Der Handlungsspielraum der Kommission ist damit um einiges grösser als derjenige des Beirats.

M.E. sollte die SRG im selben Ausmass wie die privaten Gebührenempfänger daraufhin überwacht werden, ob sie ihren Leistungsauftrag erfüllt. Private Veranstalter und SRG tragen nach den Vorstellungen des E-RTVG – zumindest auf regionaler Ebene – *gemeinsam* zur Grundversorgung bei. Warum sie unterschiedlich kontrolliert werden sollen, ist nicht einzusehen.

3.3.3 Mangelnde Transparenz

Kontrollen, ob die Gebührenempfänger ihren Leistungsauftrag erfüllen und die Rundfunkgebühren zweckmässig einsetzen, dürften sich äusserst schwierig gestalten, solange keine detaillierten Zahlen über die Verwendung der Gelder vorliegen. Zurzeit weisen die Gebührenempfänger lediglich aus, wie hoch ihre Gebühren- und Werbeeinnahmen sind. Auf der Ausgabenseite ist jedoch nicht ersichtlich, für welche Aktivitäten Gebüh-

---

[631] Botschaft E-RTVG, S. 37.
[632] Art. 41 bis Art. 47 E-RTVG.
[633] Art. 41 Abs. 3 E-RTVG.
[634] Botschaft E-RTVG, S. 38.
[635] Art. 57 und Art. 60 Abs. 1 lit. c E-RTVG.

ren eingesetzt werden und ob diese im Zusammenhang mit der Grundversorgung stehen.

Deutlich strengere Anforderungen an die Rechnungslegung existieren in der Schweiz z.B. im Bereich der Telekommunikation. Anbieter von Interkonnektionsdiensten müssen über Interkonnektionsdienstleistungen getrennt Buch führen[636]. Ausserdem sind sie bei der Rechnungslegung verpflichtet, die Einhaltung der Prinzipien der Kostenorientierung und der Transparenz zu garantieren sowie sich an anerkannten Vorschriften zu orientieren[637]. Im Rundfunkbereich sind vergleichbare Auflagen auf EU-Ebene bekannt[638]. Die EU-Kommission verlangt von staatlich finanzierten Rundfunkveranstaltern, dass sie in ihren Rechnungen auf der Ausgabenseite die nicht dem Leistungsauftrag zuzuordnenden Kosten klar ausweisen. Überdies muss ersichtlich sein, ob Quersubventionierungen[639] erfolgten.

Ähnliche Bestimmungen sollten auch für die Empfänger von Rundfunkgebühren in der Schweiz gelten. Anhand transparenter Rechnungen wäre eine Überprüfung möglich, ob die Gebühren zweckmässig verwendet werden. Insbesondere müssten die Veranstalter zwischen dem Einsatz der Gebührengelder zur Erfüllung der Grundversorgung und anderen Aktivitäten unterscheiden[640]. Quersubventionierungen könnten auf diese Art einfacher aufgedeckt werden. Unbegründet ist in diesem Zusammenhang das Argument, im Rundfunk liesse sich keine derartige Trennung durchführen, da es unmöglich sei, im Einzelfall Aktivitäten dem Service Pub-

---

[636] Art. 47 Abs. 2 FDV; vgl. dazu auch Stampfli, S. 84 f.
[637] Art. 47 Abs. 1 FDV.
[638] Vgl. Mitteilung der Kommission über die Anwendung der Vorschriften über staatliche Beihilfen auf den öffentlichen Rundfunk, ABl 2001 C 320/10 vom 15. November 2001.
[639] Vgl. vorne IV.3.3.1.
[640] Weber, Rundfunkfinanzierung, S. 184 f.

lic oder dem Kommerz zuzuordnen[641]. Dabei handelt es sich m.E. um eine Schutzbehauptung der Service Public-Veranstalter, die sich mit allen Mitteln gegen eine Einengung ihres Unternehmensfreiraums wehren. Es mag durchaus zutreffen, dass es nicht möglich ist, die Natur gewisser Programme eindeutig zu bestimmen. Es spricht jedoch nichts dagegen, diese im Zweifelsfall als Service Public anzusehen. Eindeutig kommerzielle Aktivitäten wie z.B. Teleshopping, Dauerwerbesendungen, Pay-TV, E-Commerce sowie Video-, Fernseh- und Radioproduktionen für private Unternehmen – und darum geht es in erster Linie – sollten allerdings getrennt ausgewiesen werden.

3.3.4 Missachtung des Subsidiaritätsprinzips

Insgesamt ist in den letzten Jahren eine gewisse Nivellierung, in gewissen Bereichen gar eine Homogenisierung der Programmangebote von privaten Veranstaltern und SRG zu beobachten[642]. Gerade im Bereich Radio wird dies deutlich. Die Veranstalter bieten ihren Rezipienten über weite Strecken des Programms sog. „durchhörbare Musikteppiche" (mit geringem Wortanteil) an, die auf dem Prinzip der Wiederholung basieren, um der Funktion des Radios als Begleitmedium gerecht zu werden[643]. In jenen Stunden, in denen das Radio als Aktivmedium genutzt wird, erhöht sich der Wortanteil und der Informationswert steigt. Dieses sog. Formatradio wird sowohl von der SRG als auch von privaten Veranstaltern angeboten. Die Folge ist, dass Programme wie „DRS 3" oder „Virus" nur noch schwer von z.B. „Radio 24", „Radio Basilisk" oder „Radio 105" zu unterscheiden sind. Erste Ansätze zum Formatradio sind auch bei „DRS 1" erkennbar: Schweizer Volksmusik wurde aus dem Tagesprogramm gestrichen und in die Randzeiten verlegt.

---

[641] Vgl. Beck/Münger, S. 251.
[642] Vgl. TA vom 4. Oktober 2002, S. 11.
[643] SRG, Geschäftsbericht 2000, S. 37.

Noch deutlicher erkennbar ist die Tendenz zu einer Homogenisierung im Bereich der Radionachrichten. SRG und Privatradios nutzen dieselben Nachrichtenagenturen. Ausserdem haben sowohl SRG als auch Privatradios Zugriff auf ein grosses Netz von Korrespondenten. Während die SRG in der Regel ihre eigenen Korrespondenten hat oder auf die der anderen öffentlich-rechtlichen Anstalten in Europa zurückgreift, tauschen die Privatradios in der Schweiz ihre Berichte untereinander aus und arbeiten mit den internationalen Korrespondenten der grossen Nachrichtenagenturen zusammen.

Diese Nivellierung ist m.E. darauf zurückzuführen, dass die Bedürfnisse der Rezipienten eingehender untersucht werden, um anschliessend das Programmangebot danach auszurichten[644]. Während früher eher subjektive Ansichten der Programmmacher über das Rundfunkangebot entschieden, sind es heute Umfragen und Marktforschung. Dieser Entwicklung haben sich auch die Programmverantwortlichen staatlich finanzierter Rundfunksender nicht entziehen können („kein Service ohne Public") – wenn auch nicht im selben Ausmass wie die Veranstalter kommerzieller Sender.

Freilich ist nicht mit einer vollständigen Homogenisierung zu rechnen. Die erfolgte Nivellierung zwischen gebühren- und werbefinanzierten Rundfunkangeboten wirft jedoch die Frage auf, ob es weiterhin Aufgabe des Staats ist, Programme mit Gebührengeldern zu finanzieren, die sich auch durch Werbung und Sponsoring finanzieren liessen, resp. die auf dem freien Markt bereits in ähnlicher Form angeboten werden. Wie bereits dargelegt[645], sollte der Staat nur subsidiär tätig werden, d.h. ausschliesslich dort, wo der freie Markt nicht in der Lage ist, die Grundversorgung zu gewährleisten. Programme wie z.B. „DRS 3" oder „Virus",

---

[644] Vgl. Bund vom 6. September 2002, S. 15; TA vom 31. August 2002, S. 2; Neue Luzerner Zeitung vom 6. September 2002, S. 19; TA vom 14. April 2002, S. 65.
[645] Vgl. vorne III.3.4.2b).

die sich von den Angeboten der privaten Anbieter nur unmerklich unterscheiden, sollten nicht durch Rundfunkgebühren finanziert werden. Dies hätte als Nebeneffekt eine Verringerung des Gebührenbedarfs der SRG zur Folge, was eine Gebührensenkung ermöglichen würde.

Das Subsidiaritätsprinzip wäre eingehalten, wenn die SRG z.B. die entsprechenden Programme ausschliesslich durch Werbung oder Sponsoring finanzieren würde. Dabei bestünde allerdings die Gefahr einer Quersubventionierung[646]. Programmteile oder Ressourcen könnten von der gebührenfinanzierten Unternehmenseinheit dem werbefinanzierten Teil der SRG zu einem Preis zur Verfügung gestellt werden, der unter dem Marktwert liegt. Ein solches Vorgehen würde das Subsidiaritätsprinzip untergraben und zu Verzerrungen im Wettbewerb führen[647]. Im Hinblick auf das hohe Renommee und Know-how der SRG[648] stellt sich grundsätzlich die Frage, ob eine strikte Trennung der verschiedenen Einheiten überhaupt möglich ist[649]. M.E. wäre es vorteilhafter, die SRG verzichte auf die Veranstaltung solcher Programme und überliesse das Feld den privaten Veranstaltern.

---

[646] Vgl. vorne IV.3.3.1.
[647] Vgl. vorne III.3.4.2a)
[648] Vgl. Botschaft E-RTVG, S. 34.
[649] Zu den Bemühungen der EU-Kommission, unzulässige Quersubventionierungen aufzudecken vgl. Mitteilung der Kommission über die Anwendung der Vorschriften über staatliche Beihilfen auf den öffentlichen Rundfunk, ABl 2001 C 320/10 vom 15. November 2001. Unterdessen hat die EU-Kommission eine Untersuchung darüber eingeleitet, ob in Dänemark die öffentliche Fernsehanstalt „TV2" unzulässige Quersubventionierungen vornahm (EU-Kommission, Staatliche Beihilfe – Dänemark, Aufforderung zur Abgabe von Bemerkungen gemäss Artikel 88 Absatz 2 EG-Vertrag, ABl 2003 C 59/2 vom 14. März 2003).

3.4 Nachträgliche Verwendung der PTT-Gebührengelder

In den Jahren 1993 bis 1997 schloss die Radio- und Fernsehrechnung der PTT-Betriebe mit einem Überschuss ab[650]. Er beruhte auf den nicht benötigten Teil der Gebührengelder, welche die PTT-Betriebe zur Finanzierung der Verbreitung der SRG-Programme über ihre Sendeanlagen und als Entgelt für das Inkasso erhielten. Im November 1997 entschied der Bundesrat, dass von diesem Geld rund 129 Millionen Franken an die Swisscom zur Finanzierung notwendiger Wertberichtigungen bei den technischen Verbreitungsinstallationen gehen sollten[651]. Der übrige Betrag – ca. 50 Millionen Franken[652] – wurde auf ein Sperrkonto des Bundes einbezahlt. Das UVEK besitzt seither die Möglichkeit, beim Bundesrat mittels Gesuches die Verteilung dieses restlichen Geldes zu beantragen. Als mögliche Verwendungszwecke nannte der Bundesrat u.a. ausgewiesene Bedürfnisse der SRG, welche auf den Systemwechsel im Verbreitungs- und Inkassobereich zurückzuführen seien[653]. Der überwiegende Teil dieser Summe wurde in den Jahren 2001 und 2002 der SRG überwiesen, um die durch die Gebührenbefreiung der AHV/IV-Bezüger entstandenen Mindereinnahmen der Jahre 2001 und 2002 zu decken[654].

Es ist m.E. zweifelhaft, ob das Vorgehen des Bundesrats korrekt war. Primär stellt sich die Frage, ob der Bundesrat überhaupt die Kompetenz besass, über die Verwendung der Gebührengelder zu entscheiden. Zwar setzt er die Höhe der Gebühren fest – die Verwendung ist jedoch abschliessend gesetzlich geregelt. Das Gesetz sieht weder einen Gebührenüberschuss noch eine Verfügungsbefugnis des Bundesrats vor. Abzüglich der in Art. 17 Abs. 1 lit. a-c RTVG genannten Kosten – worunter damals

---

[650] Vgl. Sonntagszeitung vom 7. Dezember 1997, S. 1 und S. 3.
[651] Vgl. Sonntagszeitung vom 7. Dezember 1997, S. 1 und S. 3.
[652] Vgl. Sonntagszeitung vom 7. Dezember 1997, S. 1 und S. 3.
[653] AmtlBull NR 1998, S. 1572.
[654] Medienmitteilung des UVEK vom 1. Mai 2002; vgl. Bund vom 2. Mai 2002, S. 13.

die Aufwendungen der PTT-Betriebe fielen – erhält die SRG den gesamten Gebührenertrag. Hätten die PTT-Betriebe die tatsächlichen Kosten abgerechnet, wäre das übrige Geld automatisch der SRG zu gute gekommen. Konsequenterweise hätte deshalb der volle Betrag der SRG ausbezahlt werden müssen.

Diese Argumentation berücksichtigt jedoch nicht die Position der Rezipienten. Sie haben 180 Millionen Franken Rundfunkgebühren mehr bezahlt, als für die Grundversorgung benötigt wurde. Wendet man bei der Bemessung der Gebührenhöhe das Kostendeckungsprinzip an[655], würde dies bedeuten, dass die Rezipienten zu viel zahlten. Der Gebührenüberschuss hätte ihnen zurückerstattet werden müssen, was jedoch nicht geschah. Die Rundfunkgebühr wurde in der Folgezeit sogar erhöht[656]! Dies ist erstaunlich, wenn man bedenkt, dass die Grundversorgung in den Jahren zuvor 180 Millionen Franken weniger gekostet hatte.

4. Inkasso

4.1 Rechte und Pflichten der Inkassostelle

Das RTVG verleiht dem Bundesrat die Kompetenz, das Inkasso einer unabhängigen Organisation zu übertragen[657]. Seit 1998 ist dies die Billag AG, eine Tochtergesellschaft der Swisscom[658]. Einzelheiten des Gebühreneinzugs sind in der RTVV geregelt. Die Inkassostelle ist verantwortlich für

die Bearbeitung der Meldungen,

---

[655] Vgl. vorne IV.2.1.2.
[656] Vgl. vorne IV.2.2.1.
[657] Art. 50 Abs. 3 RTVG.
[658] Vgl. vorne II.3.4.

die Meldung von möglichen Verstössen gegen die Meldepflicht an das Bundesamt,
Verfügungen zur Erhebung von Empfangsgebühren,
die Betreibung säumiger Melde- und Gebührenpflichtiger und
das Überweisen der Gebührenerträge an die SRG und an das Bundesamt[659].

Die genauen Rechte und Pflichten der Inkassostelle müssen in einem Vertrag zwischen Departement und Inkassostelle geregelt werden[660]. Es handelt sich dabei um einen öffentlich-rechtlichen Vertrag. Zurzeit ist ein Übereinkommen in Kraft, das zwischen dem UVEK und der Billag AG geschlossen wurde.

Die Inkassostelle führt eine eigene Rechnung, in der sie auf der einen Seite den Gebührenertrag und auf der anderen Seite die durch die Bearbeitung der Meldungen und der Gebührenerhebung entstehenden Kosten ausweist. Die Aufsicht über die Inkassostelle übt das UVEK aus. Diesem muss die Inkassostelle Einsicht in alle relevanten Akten gewähren. Ausserdem ist die Inkassostelle verpflichtet, dem zuständigen Bundesamt die jährliche Abrechnung über die Empfangsgebühr zur Genehmigung vorzulegen. Beschwerden gegen Verfügungen der Inkassostelle werden vom zuständigen Bundesamt behandelt[661].

Das Bundesgericht vertritt die Ansicht, dass die Inkassostelle bei Betreibungen im Fall eines Rechtsvorschlags nicht den Zivilrichter anrufen müsse, sondern – vorausgesetzt sie habe noch keine Verfügung erlassen – das Betreibungsverfahren selbstständig weiterführen könne[662]. Die Richter kamen zum Schluss, dass der Bundesrat gestützt auf Art. 55 Abs. 3

---

[659] Art. 48 Abs. 2 RTVV.
[660] Art. 48 Abs. 3 RTVV.
[661] Art. 50 RTVV.
[662] BGE 128 III 39; vgl. auch BaZ vom 28. November 2001, S. 11.

RTVG nicht nur die Kompetenz zum Gebühreneinzug auf die Inkassostelle übertragen dürfe, sondern auch das Recht, Verfügungen zu erlassen, die auf dem Betreibungsweg durchgesetzt werden können.

Dieser Entscheid beruht m.E. auf einer falschen Interpretation von Art. 79 SchKG. Das SchKG garantiert in einem Zweiparteienverfahren jedem Betriebenen erstinstanzlich die Anhörung durch einen unabhängigen Richter[663]. Die Billag AG ist als Partei nicht unabhängig[664]. Ausserdem besteht für sie keine Pflicht, den Betriebenen vor der Beseitigung des Rechtsvorschlags anzuhören[665]. Die Billag AG tritt somit nicht nur als Richter in eigener Sache auf, sondern dem Betriebenen wird zusätzlich das Recht auf Anhörung verwehrt. Dies steht im Widerspruch zu den eingangs erwähnten Grundsätzen des SchKG[666]. Überzeugender erscheint der Vorschlag, die Billag AG solle über ihre Ausstände konsequent Verfügungen erlassen[667]. Damit wäre sie in der Lage, beim ordentlichen Rechtsöffnungsrichter in jenen Fällen definitive Rechtsöffnung zu verlangen, in denen der mutmassliche Gebührenschuldner die Bezahlung, Verjährung oder Stundung nicht nachweisen kann.

4.2 Datenschutz

Die Inkassostelle ist an die geltenden Bestimmungen des Datenschutzes gebunden, d.h. insbesondere an das Bundesgesetz über den Datenschutz[668]. Für stichprobenartige Kontrollen hinsichtlich der Einhaltung der Meldepflicht müssen die kommunalen und kantonalen Behörden der Inkassostelle Angaben über Namen, Wohnsitz oder Sitz von bei ihnen

---

[663] Vgl. Art. 79 Abs. 1 und Art. 84 Abs. 2 SchKG.
[664] Jaques, S. 800 f.
[665] Roth, S. 723.
[666] Gleicher Ansicht Jaques, S. 803; Roth, S. 723.
[667] Roth, S. 723 (mit weiteren Verweisen).
[668] Art. 49 Abs. 1 RTVV.

registrierten Personen bzw. Unternehmen erteilen[669]. Tritt der Fall ein, dass eine neue Firma mit dem Inkasso beauftragt wird, muss die alte Inkassostelle der neuen sämtliche für den Gebühreneinzug relevanten Daten unentgeltlich zur Verfügung stellen[670].

Die Inkassostelle verfügt über eine Vielzahl von Personen- und Nutzungsdaten. Diese Daten könnten für kommerzielle Zwecke von Interesse sein. Die Inkassostelle sollte deshalb von den Marktteilnehmern getrennt organisiert sein[671]. Als Swisscom-Tochter ist die Billag AG zumindest von den Rundfunkveranstaltern unabhängig. Im Schrifttum wird allerdings darauf hingewiesen, dass im Zeitalter der Konvergenzen und Multimedia-Diensten ein gewisses Interesse der Swisscom an den Daten der Billag AG bestehen dürfte[672]. Vor diesem Hintergrund erscheint der im E-RTVG vorgesehene erleichterte Zugriff der Billag AG auf die Daten der Gemeindeverwaltungen[673] in der Tat nicht unbedenklich.

5. Exkurs: Unzulässige staatliche Beihilfen

5.1 Unübersichtliche Rechtslage

Im Hinblick auf einen möglichen Beitritt der Schweiz zur EU soll im Folgenden geklärt werden, ob die Finanzierung der Grundversorgung durch Radio- und Fernsehempfangsgebühren mit dem EU-Wettbewerbsrecht vereinbar wäre. Grundsätzlich verbietet das Gemeinschaftsrecht sog. staatliche Beihilfen[674]. Von diesem Verbot gibt es je-

---

[669] Art. 49 Abs. 2 RTVV.
[670] Art. 49 Abs. 3 RTVV.
[671] Vgl. auch Weber, Rundfunkfinanzierung, S. 182.
[672] Weber, Rundfunkfinanzierung, S. 182 f.
[673] Vgl. vorne II.4.4.
[674] Art. 87 EGV.

doch Ausnahmen[675]. Heftig diskutiert wird, ob es sich bei der staatlichen Rundfunkfinanzierung überhaupt um Beihilfen handelt, und wenn ja, ob diese zulässig sind.

Anfang der Neunzigerjahre reichten einige private Rundfunkveranstalter bei der EU-Kommission Beschwerde wegen unzulässiger staatlicher Finanzierung ihrer öffentlich-rechtlichen Konkurrenz ein[676]. Die Amsterdamer Regierungskonferenz legte daraufhin 1997 in einer Protokollerklärung[677] fest, dass das Gemeinschaftsrecht grundsätzlich nicht das Recht der Mitgliedsstaaten berühre, die Grundversorgung in ihrem Land zu finanzieren. Diese Finanzierung dürfe jedoch lediglich zur Erfüllung des (öffentlich-rechtlichen) Auftrags eingesetzt werden und die Handels- und Wettbewerbsbedingungen nicht in einem Ausmass beeinträchtigen, das dem gemeinsamen Interesse zuwiderlaufe. Strittig ist bis heute, wie sich dieses Protokoll zum Primärrecht verhält. M.E. überzeugt die Ansicht, dass es sich beim Protokoll um primäres Gemeinschaftsrecht handelt, da es durch alle Mitgliedsstaaten angenommen wurde und somit einen integrierenden Bestandteil des EGV darstellt[678].

Die EU-Kommission ging bei der Bearbeitung der Beschwerden lange sehr zögerlich vor. In zwei Fällen verurteilte sie das EuGEI sogar wegen Untätigkeit[679]. Im Jahr 2001 machte die EU-Kommission in einer Mitteilung geltend, dass ihr das Recht zustehe, permanent zu überprüfen, ob

---

[675] Art. 87 Abs. 2 EGV.
[676] Vgl. EU-Kommission, Wettbewerbspolitik 1993, Rn. 148 und 546; EU-Kommission, Wettbewerbspolitik 1995, Rn. 200; EU-Kommission, Wettbewerbspolitik 1996, Rn. 213; EU-Kommission, Wettbewerbspolitik 1997, Rn. 279; unterdessen sind über 10 Beschwerden eingegangen.
[677] Protokoll über den öffentlich-rechtlichen Rundfunk in den Mitgliedsstaaten, ABl 1997 C 340/109 vom 10. November 1997.
[678] Vgl. Weber, Rundfunkfinanzierung, S. 77.
[679] EuGEI, 15. September 1998, Rs. T-95/96 (Gestevisión Telecinco/Kommission), Slg. 1998, II-3407; EuGEI, 3. Juni 1999, Rs. T-17/96 (TF1/Kommission), Slg. 1999, II-1757.

es sich bei den Rundfunkgebühren um unerlaubte Beihilfen handle[680]. In derselben Mitteilung legte sie die Kriterien fest, nach denen sie die Rundfunkgebühren der jeweiligen Mitgliedsstaaten beurteilt. Diese Mitteilung löste heftige Reaktionen aus. Die deutschen Bundesländer wiesen z.b. in einer gemeinsamen Erklärung darauf hin, dass die EU-Kommission keine Kompetenz habe, den Mitgliedsstaaten „den Auftrag und die Finanzierung des öffentlich-rechtlichen Rundfunks gemeinschaftsrechtlich zu definieren"[681]. Dies verbiete ihr auch eine extensive Aufsicht über die Auftrags- und Finanzierungsmodalitäten. Bislang hat die EU-Kommission in drei Fällen („Finanzierung des portugiesischen Rundfunks"[682], „Kinderkanal und Phoenix"[683] sowie „BBC News 24"[684]) entschieden. Der EuGEI hob die Entscheidung in Sachen „Finanzierung des portugiesischen Rundfunks" bereits wieder auf[685] – in erster Linie allerdings aus formalen Gründen[686]. Die Rechtslage bleibt jedoch weiter unübersichtlich. Der EuGH sprach sich in einem jüngeren Entscheid dafür aus, dass der Beihilfentatbestand Art. 87 Abs. 1 EGV unter gewissen Voraussetzungen doch zu verneinen sei[687]. Auch wenn dieser Entscheid

---

[680] Mitteilung der Kommission über die Anwendung der Vorschriften über staatliche Beihilfen auf den öffentlichen Rundfunk, ABl 2001 C 320 04 vom 15. November 2001.

[681] Rundfunkfachliche Stellungnahme der Länder zu dem Entwurf einer Mitteilung der Europäischen Kommission über die Anwendung der Vorschriften über staatliche Beihilfen auf den öffentlichen Rundfunk vom 4. Juli 2001, abgedruckt in: epd, Nr. 58, S. 20 ff.

[682] Entscheidung der Kommission von 2. Oktober 1996, Beihilfe NN 141/95, Finanzierung des portugiesischen Rundfunks (nicht veröffentlicht); vgl. ABl 1997 C 67/10 vom 4. März 1997; Pressemitteilung der Europäischen Kommission, Rapid – IP/96/882.

[683] Entscheidung der Kommission von 24. Februar 1999, Beihilfe NN 70/98, Kinderkanal und Phoenix (nicht veröffentlicht); vgl. ABl 1999 C 238/3 vom 21. August 1999; Pressemitteilung der Europäischen Kommission, Rapid – IP/99/132.

[684] Entscheidung der Kommission von 14. Dezember 1999, Beihilfe NN 88/98, BBC News 24; vgl. Abl 2000 C 78/6 vom 18. März 2000.

[685] EuGEI, 10. Mai 2000, Rs. T-46/97 (SIC), Slg. 2000, II-2125.

[686] Vgl. hinten IV.5.2; Weber, Rundfunkfinanzierung, S. 71.

[687] EuGH, 24. Juli 2003, Rs. C-280/00 („Altmarkt Trans GmbH").

keinen direkten Bezug zum Rundfunkrecht aufweist, sind indirekte Auswirkungen auf die beihilfenrechtliche Beurteilung der Rundfunkfinanzierung nicht von der Hand zu weisen[688].

5.2 Definition des Begriffs „staatliche Beihilfen"

Um staatliche Beihilfen handelt es sich, wenn Unternehmen öffentliche Gelder erhalten und dadurch begünstigt werden[689]. Strittig ist u.a., ob es sich überhaupt um öffentliche Gelder handelt, wenn lediglich der Mittelzufluss auf gesetzliche Vorgaben zurückgeht, der Einsatz und die Erhebung der Gebühren jedoch durch eine staatsferne Institution erfolgen und die Gebühren nicht dem Staat, sondern den Gebührenempfängern geschuldet werden. Dies ist beispielsweise in Deutschland der Fall. Staatsverträge zwischen den Ländern legen die Pflicht fest, dass die Rundfunkrezipienten für den Betrieb eines Empfangsgeräts den Rundfunkanstalten zur Erfüllung ihrer Aufgaben eine Rundfunkgebühr schulden[690]. Die Höhe der Gebühr wird grösstenteils von einer unabhängigen Kommission festgelegt[691]. Da es zu keiner direkten Belastung des Staatshaushalts kommt, könnte der Schluss gezogen werden, die Rundfunkgebühren nicht als öffentliche Gelder anzusehen[692]. Bei dieser Argumentation wird aber übersehen, dass es ohne staatliche Vorschriften keine Gebührenpflicht gäbe. Der Gebührenfluss wird staatlich gelenkt und kontrolliert, was die Annahme rechtfertigt, dass es sich um öffentliche Gelder handelt[693].

---

[688] Vgl. dazu Koenig/Haratsch, S. 804 ff.
[689] Art. 87 Abs. 1 EGV.
[690] Herrmann, S. 715.
[691] Vgl. vorne IV.2.1.3a).
[692] In diese Richtung: EuGH, 13. März 2001, Rs. C-379/98 („PreussenElektra"); vgl. dazu Koenig/Kühling, S. 546.
[693] Vgl. Weber, Rundfunkfinanzierung, S. 72; im Ergebnis auch Schwendinger, S. 92.

Neben dem Kriterium der „öffentlichen Gelder" muss der Tatbestand der Begünstigung erfüllt sein. Um eine Begünstigung handelt es sich, wenn ein Unternehmen staatliche Mittel und somit einen Vorteil erhält[694]. Die Kommission sah im Fall „Finanzierung des portugiesischen Rundfunks" den Tatbestand der Begünstigung als nicht erfüllt an. Sie begründete dies damit, dass ein Vorteil nur dann entstehe, wenn der Rundfunkveranstalter keine marktgerechte Gegenleistung erbringe. Das portugiesische Fernsehen hätte jedoch einen Leistungsauftrag erfüllt, was als angemessene Gegenleistung anzusehen sei[695]. Das EuGEI hob den Entscheid der Kommission wieder auf[696]. Es führte aus, dass grundsätzlich von einer Begünstigung und einem Vorteil auszugehen sei, wenn ein Unternehmen öffentliche Gelder erhalte. Die Frage nach der Angemessenheit dürfe nicht auf der Tatbestands-, sondern erst auf der Rechtfertigungsebene geklärt werden. Die Kommission hat die Rechtsprechung des EuGEI unterdessen aufgegriffen[697].

Der EuGH hat hingegen in einem jüngeren Entscheid („Altmarkt Trans GmbH")[698] den Beihilfentatbestand für den Fall ausgeschlossen, dass die öffentlichen Gelder, die ein Unternehmen zur Erfüllung gemeinwirtschaftlicher Verpflichtungen erhält, den Betrag nicht übersteigen, den – als Anhaltspunkt dient eine sog. „Benchmarketing-Analyse" – ein durchschnittliches, gut geführtes Unternehmen zu Erfüllung des entsprechen-

---

[694] Mitteilung der Kommission über die Anwendung der Vorschriften über staatliche Beihilfen auf den öffentlichen Rundfunk, ABl 2001 C 320 vom 15. November 2001, S. 6 f.; zum Wettbewerbsvorteil eines staatlich finanzierten Veranstalters vgl. vorne III.3.4.2a).

[695] Vgl. Entscheidung der Kommission von 2. Oktober 1996, Beihilfe NN 141/95, Finanzierung des portugiesischen Rundfunks (nicht veröffentlicht); Pressemitteilung der Europäischen Kommission, Rapid – IP/96/882.

[696] EuGEI, 10. Mai 2000, Rs. T-46/97 (SIC), Slg. 2000, II-2125.

[697] Mitteilung der Kommission über die Anwendung der Vorschriften über staatliche Beihilfen auf den öffentlichen Rundfunk, ABl 2001 C 320 vom 15. November 2001, S. 7.

den Auftrags benötigt. In Deutschland liess der „Westdeutsche Rundfunk" daraufhin unverzüglich ein Gutachten erstellen. Darin dient der Entscheid des EuGH als Grundlage, um darzulegen, dass die Gebührenfinanzierung des „Westdeutschen Rundfunks" den Beihilfentatbestand *nicht* erfüllt[699]. Die weiteren Auswirkungen des „Altmarkt Trans-Urteils" auf die beihilfenrechtliche Beurteilung der Finanzierung öffentlich-rechtlicher Rundfunkveranstalter sind derzeit nur zu erahnen. Es ist davon auszugehen, dass der Beihilfenstreit im Bereich der Rundfunkfinanzierung durch den Entscheid des EuGH neuen Nährboden gefunden hat und noch lange andauern wird.

5.3 Zulässigkeit staatlicher Beihilfen

Staatliche Beihilfen sind zulässig, wenn dies das Gemeinschaftsrecht vorsieht. Gemäss Art. 86 Abs. 2 EGV sind staatliche Beihilfen möglich, wenn Unternehmen, die mit Dienstleistungen von allgemeinem wirtschaftlichen Interesse betraut sind oder den Charakter eines Finanzmonopols haben, ohne Beihilfen die ihnen übertragenen Aufgaben rechtlich oder tatsächlich nicht erfüllen können. Die Kommission interpretiert diese Bestimmung im Zusammenhang mit der Rundfunkfinanzierung äusserst restriktiv. Beihilfen wären nur zulässig im Sinn von Art. 86 Abs. 2 EGV, wenn folgende Bedingungen kumulativ erfüllt seien[700]:

Der Staat hat den Leistungsauftrag – dieser darf nicht über die demokratischen, sozialen und kulturellen Bedürfnisse einer Gesellschaft hinausgehen – amtlich definiert (Definition);

---

[698] EuGH, 24. Juli 2003, Rs. C-280/00 („Altmarkt Trans GmbH"); vgl. vorne IV.5.1.
[699] Vgl. Koenig/Haratsch, S. 805 ff.

die für die Grundversorgung verantwortlichen Veranstalter wurden förmlich beauftragt (Beauftragung) und werden kontrolliert, ob sie ihren Auftrag erfüllen (Kontrolle);
die Finanzierung der Veranstalter ist nicht unverhältnismässig (Verhältnismässigkeitsprüfung).

5.4 Schweizer Veranstalterfinanzierung als staatliche Beihilfe?

Fraglich ist, ob die Finanzierung der Rundfunkveranstalter (insbesondere der SRG) durch Radio- und Fernsehempfangsgebühren als Beihilfe gemäss Art. 87 Abs. 1 EGV zu qualifizieren wäre, sollte die Schweiz der EU beitreten und an das Gemeinschafsrecht gebunden sein. Bei den Rundfunkgebühren handelt es sich um „öffentliche Gelder", weil erstens zwischen den Gebührenzahlern und den Gebührenempfängern keine Rechtsbeziehung entsteht, sondern die Gebühren dem Bund geschuldet werden[701]. Zweitens ist es der Bund, der über die Verteilung der Gelder entscheidet. Dessen Entscheidungskompetenz ist unabhängig davon, ob die Rundfunkgebühren in der Staatsrechung ausgewiesen werden. Die buchhalterische Behandlung ändert nichts an der staatlichen Zurechenbarkeit der Radio- und Fernsehempfangsgebühren[702]. Neben dem Tatbestandsmerkmal der „öffentlichen Gelder" wäre auch das der „Begünstigung" gegeben. Der Bund transferiert die Gebührengelder an die Rundfunkveranstalter, was nach der Rechtsprechung des EuGEI für die Annahme einer Begünstigung ausreicht. Die Finanzierung der Rundfunkveranstalter in der Schweiz durch Radio- und Fernsehempfangsgebühren würde somit den Tatbestand der staatlichen Beihilfe gemäss Art. 87 Abs. 1 EGV erfüllen.

---

[700] Mitteilung der Kommission über die Anwendung der Vorschriften über staatliche Beihilfen auf den öffentlichen Rundfunk, ABl 2001 C 320 vom 15. November 2001, S. 8 ff.
[701] BBl 1987 III 721; Dumermuth, Rundfunkrecht, Rn. 255; vgl. vorne III.4.2.1.
[702] Vgl. Uphoff, S. 113.

Ob diese Finanzierung allerdings eine *zulässige* staatliche Beihilfe im Sinn von Art. 86 Abs. 2 EGV darstellt, ist zu bezweifeln. Der Leistungsauftrag ist in der Verfassung und im RTVG zwar amtlich definiert und entspricht – zumindest was den Umfang und die Präzision betrifft – grundsätzlich den Vorgaben der Kommission[703]. Bei der relativ formlosen Ausschüttung von Gebührensplittinggeldern an private Veranstalter fehlt es allerdings an einer konkreten Beauftragung[704]. Der E-RTVG sieht in diesem Punkt eine Verbesserung des status quo vor.

Weitaus grössere Probleme bereitet der Umstand, dass der Einsatz der Gebührengelder nicht zweckgebunden ist[705]. Eine nicht zweckmässige Verwendung der Gebührengelder würde als unverhältnismässig angesehen werden[706]. Der Nachweis einer zweckmässigen Verwendung – wie im Übrigen die gesamte Verhältnismässigkeitsprüfung – dürfte sich grundsätzlich als äusserst schwierig erweisen, da nicht ausreichend transparent ist, wie die Rundfunkgebühren eingesetzt werden[707]. Überdies muss davon ausgegangen werden, dass die Kontrolle über die Veranstalter, ob diese ihren Leistungsauftrag erfüllen[708], den Anforderungen der

---

[703] Die Entscheide „Phoenix und Kinderkanal" sowie „BBC News 24" haben gezeigt, dass die Kommission einen abstrakten Leistungsauftrag – wie in der Schweiz – als ausreichend erachtet.
[704] Botschaft E-RTVG, S. 53.
[705] Vgl. vorne IV.3.3.1.
[706] Mitteilung der Kommission über die Anwendung der Vorschriften über staatliche Beihilfen auf den öffentlichen Rundfunk, ABl 2001 C 320 vom 15. November 2001, S. 11 f.
[707] Vgl. vorne IV.3.3.3; zu den Anforderungen an die Transparenz vgl. Mitteilung der Kommission über die Anwendung der Vorschriften über staatliche Beihilfen auf den öffentlichen Rundfunk, ABl 2001 C 320 vom 15. November 2001, S. 10 f.
[708] Vgl. vorne IV.3.3.2.

Kommission[709] nicht entsprechen würde. Die Finanzierung der Rundunkveranstalter in der Schweiz durch Radio- und Fernsehempfangsgebühren wäre daher keine zulässige Beihilfe gemäss Art. 86 Abs. 2 EGV und somit mit dem Gemeinschaftsrecht nicht vereinbar.

---

[709] Vgl. Mitteilung der Kommission über die Anwendung der Vorschriften über staatliche Beihilfen auf den öffentlichen Rundfunk, ABl 2001 C 320 vom 15. November 2001, S. 9.

V. Fazit

(1) Die Rundfunkgebühr in der Schweiz geht auf eine Abgabe zum Empfang von Zeitzeichen zurück. Als der Bund in den Zwanzigerjahren die Bedeutung des Mediums Radio erkannte, begann er eine aktive Politik zur Steuerung der Rundfunklandschaft zu betreiben. Die Einnahmen aus der Gebühr zum Empfang von Rundfunksignalen wurden unter den PTT-Betrieben und den lokalen Rundfunkveranstaltern aufgeteilt. Mit dem Inkasso der Rundfunkgebühr waren die PTT-Betriebe beauftragt. Chronischer Geldmangel und restriktive Programmauflagen führten jedoch dazu, dass die Medienpolitik des Bundes scheiterte. 1931 wurde die SRG gegründet, die von da an das Monopol besass, Rundfunkprogramme zu veranstalten. Deren Finanzierung erfolgte hauptsächlich aus dem Ertrag der Radiogebühren. Mit dem Aufkommen des Fernsehens erhob der Bund 1953 analog zum Radio eine Fernsehempfangsgebühr.

(2) 1979 gründete der Zürcher Medienpionier Roger Schawinski in Italien den Sender „Radio 24", der bis Zürich empfangbar war und sich ausschliesslich an ein Deutschschweizer Publikum richtete. Den Schweizer Behörden gelang es zunächst noch erfolgreich, „Radio 24" zu bekämpfen. Später wuchs jedoch der Druck der Bevölkerung auf den Bund, neben der SRG alternative Veranstalter zu konzessionieren. 1982 erliess der Bund deshalb eine Verordnung, die private Veranstalter auf lokaler Ebene gestattete. Am 1. November 1983 gingen offiziell die ersten Lokalradios auf Sendung. Einen Anteil an den Radio- und Fernsehempfangsgebühren erhielten sie nicht.

(3) Seit 1992 ist das Radio- und Fernsehgesetz in Kraft. Es sieht für jene privaten Veranstalter, die bestimmte Voraussetzungen erfüllen, einen Gebührenanteil vor. Dieser Anteil betrug im Jahr 2002 rund zehn

Millionen Franken. Den Grossteil der Gebühreneinnahmen – im Jahr 2002 waren es über eine Milliarde Franken – erhält die SRG zur Erfüllung ihres Programmauftrags. In einer Teilrevision des RTVG wurde Mitte der Neunzigerjahre das Inkasso der Rundfunkgebühr aus der Verwaltung ausgelagert und nach einer Ausschreibung einem privaten Unternehmen übertragen. Seit dem 1. Januar 1998 wird die Rundfunkgebühr von der Billag AG, einer Swisscom-Tochter, eingezogen.

(4) Die Digitalisierung und die Veränderungen im Rezipientenverhalten machten eine Revision des RTVG notwendig. Der E-RTVG sieht unter anderem vor, dass gewisse private Radio- und Fernsehveranstalter auf lokaler Ebene zur Grundversorgung beitragen sollen („Service Public Régional"). Um deren finanziellen Fortbestand zu gewährleisten, wird das Gebührensplitting ausgebaut. Der Anteil der privaten Veranstalter soll auf maximal 4 % der gesamten Gebühreneinnahmen beschränkt werden. Der E-RTVG vermag m.E. insgesamt nicht zu überzeugen, da er die vorherrschenden Strukturen der Schweizer Medienlandschaft zementiert und keine Alternativen für eine moderne Medienpolitik liefert.

(5) Die technische Zuständigkeit des Bundes in Sachen Radio und Fernsehen leitet sich nicht aus dem Fernmeldeartikel, sondern aus dem Radio- und Fernsehartikel ab. Dieser regelt sämtliche Aspekte der Massenkommunikation, was auch die Fernmeldetechnik beinhaltet. Der Gesetzgebungsauftrag, den Art. 93 Abs. 1 BV dem Bund erteilt, ist weitaus weniger umfassend, als dies zuweilen angenommen wird. Der Gesetzgeber hat insbesondere die Medien-, Meinungs- und Wirtschaftsfreiheit in erhöhtem Mass zu berücksichtigen.

(6) Im Zusammenhang mit der Rundfunkfinanzierung hat der Bund als Garant der Grundversorgung sicherzustellen, dass vom Staat unabhängige Rundfunkveranstalter in der Lage sind, die von der Verfas-

sung geforderten Leistungen zu erbringen. Die Aufgabe des Bundes ist eine Staatsaufgabe, während die Veranstalter eine öffentliche Aufgabe erfüllen, ohne dabei öffentlich-rechtliche Funktionen zu übernehmen. Sind sie aus finanziellen Gründen nicht in der Lage, ihre Aufgabe zu erfüllen, muss sie der Bund mit öffentlichen Geldern unterstützen. Eine unmittelbare Finanzierungspflicht lässt sich allerdings nicht direkt aus Art. 93 BV, sondern lediglich mittels konkreter Bestimmungen auf Gesetzesstufe und in den Konzessionen der Veranstalter begründen.

(7) Der Gesetzgeber ging bei der Konzeption des RTVG davon aus, dass die Grundversorgung ohne staatliche Finanzierung nicht gewährleistet sei. Der Bund verlangt deshalb von den Rezipienten einen Geldbetrag, den er überwiegend der SRG – sie ist mit der Grundversorgung beauftragt – zur Verfügung stellt. Die SRG darf aus verfassungsmässiger Sicht mit diesem Geld ausschliesslich die für die Grundversorgung notwendigen Programme finanzieren (Verhältnismässigkeitsprinzip). Dieses Grundprinzip ist im RTVG jedoch nicht verankert.

(8) Der Umfang der Grundversorgung beurteilt sich danach, welche Programme zur Gewährleistung des Meinungsbildungsprozesses unterlässlich sind. Sparten- und Zielgruppenprogramme sind kein Bestandteil der Grundversorgung. Ausserdem sollten unter dem Gesichtspunkt der Wirtschaftsfreiheit und unter Beachtung des Subsidiaritätsprinzips keine Rundfunkgebühren für Programme verwendet werden, die auch durch Werbung finanziert werden könnten. Untermauert wird diese These durch die Erfahrungen der letzten Jahre im Bereich der Lokalradios. Es hat sich gezeigt, dass kommerzielle Veranstalter in der Lage sind, die Grundversorgung auf regionaler Ebene zu erbringen („Service Public Régional"). Der Einsatz von Gebührengeldern erscheint im Weiteren nicht angebracht, wenn etablierte private Veranstalter bereits die Grundversorgung gewährleisten und der

gebührenfinanzierte Veranstalter lediglich zur Konkurrenzierung der anderen Veranstalter in den Markt eintritt.

(9) Die Radio- und Fernsehempfangsgebühren sind keine Regalabgaben, welche die Rezipienten dem Bund aufgrund dessen Fernmeldemonopols schulden. Vielmehr sind die Radio- und Fernsehempfangsgebühren als moderne Rundfunkgebühr zu qualifizieren, die den Rezipienten die Teilnahme an der Gesamtveranstaltung Rundfunk gestattet. Eine Einordnung unter die klassischen Abgabeformen ist nicht möglich. Es erscheint daher als folgerichtig, die Rundfunkgebühr als Abgabe sui generis mit Beitragscharakter zu qualifizieren.

(10) Die Rundfunkgebühr knüpft an das Betreiben eines Empfangsgeräts an. Das RTVG und die RTVV unterscheiden zwischen der Melde- und der Gebührenpflicht. Weitergehende Einzelheiten sind von der ausführenden Behörde (BAKOM) in einer Verwaltungsverordnung geregelt. Diese ist für die Mitarbeiter der Behörde verbindlich, entfaltet aber keine unmittelbare Rechtswirkung für Dritte. Es handelt sich deshalb nicht um eine Rechtsquelle.

(11) Der Bundesrat bestimmt die Höhe der Rundfunkgebühr. Dabei berücksichtigt er insbesondere den Finanzbedarf der SRG. Das Festsetzungsverfahren ist wesentlich rudimentärer als z.B. in Deutschland. Dort wird eine möglichst grosse Unabhängigkeit von staatlicher und politischer Einflussnahme angestrebt. Dies sollte auch in der Schweiz der Fall sein. Zu denken ist insbesondere an die Indexierung der Rundfunkgebühr oder die Festlegung durch ein von Staat und Politik unabhängiges Gremium. Ausserdem müsste den von einer Veränderung der Gebührenhöhe betroffenen Rechtssubjekten ein Rechtsmittel zur Verfügung stehen.

(12) Die Rundfunkgebühr ist in der Schweiz im Vergleich zu anderen europäischen Staaten sehr hoch. Betrachtet man die Besonderheiten

der Schweiz – z.B. die Mehrsprachigkeit, den umfassenden Grundversorgungsauftrag und die zahlenmässig kleine Bevölkerung – erscheint die Gebührenhöhe allerdings vertretbar. Die Rundfunkgebühr liesse sich jedoch auf zwei Arten senken. Erstens könnte der Verwendungszweck der Gebührenmittel auf Programme und Aktivitäten im Zusammenhang mit der Grundversorgung beschränkt werden (Verhältnismässigkeitsprinzip). Zweitens käme in Betracht, die Gebührenfinanzierung von Programmen zu verbieten, die sich von denen der privaten Veranstalter nur unwesentlich unterscheiden. Damit wäre das Subsidiaritätsprinzip verwirklicht.

(13) Die gebührenfinanzierten Veranstalter sind beim Einsatz der Rundfunkgebührengelder nicht zweckgebunden. Dies erscheint unter dem Gesichtspunkt der Verhältnismässigkeit nicht vertretbar. Die Verwendung von Rundfunkgebühren sollte für (kommerzielle) Aktivitäten, die nicht im Zusammenhang mit der Erfüllung des Leistungsauftrags stehen, nicht gestattet sein. Dadurch könnten (wettbewerbsverzerrende) Quersubventionierungen verhindert werden.

(14) Die Kontrolle der gebührenfinanzierten Veranstalter ist mangelhaft. Eine unabhängige Instanz müsste eingesetzt werden, um regelmässig zu überprüfen, ob die mit der Gebührenfinanzierung angestrebten Ziele erreicht werden. Der E-RTVG sieht vor, die mit der Grundversorgung beauftragten Veranstalter auf die Erfüllung ihrer Leistungsaufträge hin zu überwachen. Das Kontrollorgan der SRG (Beirat) ist jedoch mit wesentlich weniger Kompetenzen ausgestattet als dasjenige der privaten Veranstalter (Kommission), was als ungerechtfertigt zu betrachten ist.

(15) Die Anforderungen an die Rechnungslegung der gebührenfinanzierten Veranstalter sind nicht auseichend. Die Gebührenempfänger müssten den Einsatz der Rundfunkgebühren zur Erfüllung der Grundversorgung und für andere Aktivitäten getrennt ausweisen. Eine dop-

pelte Buchführung ergibt allerdings nur dann Sinn, wenn die oben erwähnte Kontrollinstanz Zugang zu diesem Datenmaterial hat. Auf diese Weise könnten z.B. Quersubventionierungen leichter aufgedeckt werden.

(16) Für den Fall eines Beitritts der Schweiz zur EU stellt sich die Frage, ob die Veranstalterfinanzierung durch Rundfunkgebühren als unerlaubte staatliche Beihilfe zu qualifizieren wäre. Davon ist grundsätzlich auszugehen, weil das Schweizer Modell nicht den Anforderungen entspricht, welche die EU-Kommission an die Zulässigkeit staatlicher Beihilfen stellt. Gründe dafür sind die fehlende Zweckgebundenheit der Mittel (Verhältnismässigkeit), unzureichende Kontrolle der Veranstalter und mangelnde Transparenz. Im Ergebnis ist festzuhalten, dass durch den Vergleich mit den europarechtlichen Bestimmungen die Wettbewerbsdefizite der Schweizer Rundunkfinanzierungsregelung deutlich werden.